GOLDMANN

W0076226

Buch

Rainer M. Schröder wandelt auf den Spuren Südafrikas. Sein Weg führt ihn von den großen Städten Johannesburg und Kapstadt zu den Buschmännern der Kalahari und den Siedlern und politischen Führern der ersten Stunde, von den Diamantenminen Kimberleys in die grandiose Wildnis mit ihrer urtümlichen Tier- und Pflanzenwelt. Die Geschichte des Landes wird lebendig, Schwarze und Weiße sprechen in diesem erlebnisreichen Bericht über Südafrika, Simbabwe und Botswana über ihre Hoffnungen und Ängste.

Autor

Rainer M. Schröder, alias Ashley Carrington, Jahrgang 1951, absolvierte eine Operngesangsausbildung und studierte Theater-, Film- und Fernsehwissenschaft, bevor er sich dem Schreiben zuwandte und 1977 freischaffender Schriftsteller wurde. Er hat viele Abenteuerreisen hinter sich, ist begeisterter Sportflieger, Segler und Wracktaucher und zählt mit einer deutschsprachigen Gesamtauflage von vier Millionen zu den erfolgreichsten deutschen Schriftstellern. Zur Zeit lebt er abwechselnd in Florida und im Bergischen Land.

RAINER M. SCHRÖDER

ZWISCHEN KAPSTADT UND KALAHARI

SPURENSUCHE IM SÜDLICHEN AFRIKA

GOLDMANN VERLAG

Umwelthinweis:
Alle bedruckten Materialien dieses Taschenbuches
sind chlorfrei und umweltschonend.

Der Goldmann Verlag
ist ein Unternehmen der Verlagsgruppe Bertelsmann.

Vollständige Taschenbuchausgabe September 1995
© 1993 Frederking & Thaler GmbH, München
Umschlaggestaltung: Design Team München
Umschlagfoto: TIB, München
Fotos: Rainer M. Schröder, Willy Zingg
Karte: Isolde Notz-Köhler, München
Druck: Presse-Druck Augsburg
Verlagsnummer: 12521
Ba · Herstellung: Stefan Hansen
Made in Germany
ISBN 3-442-12521-9

10 9 8 7 6 5 4 3 2 1

Inhalt

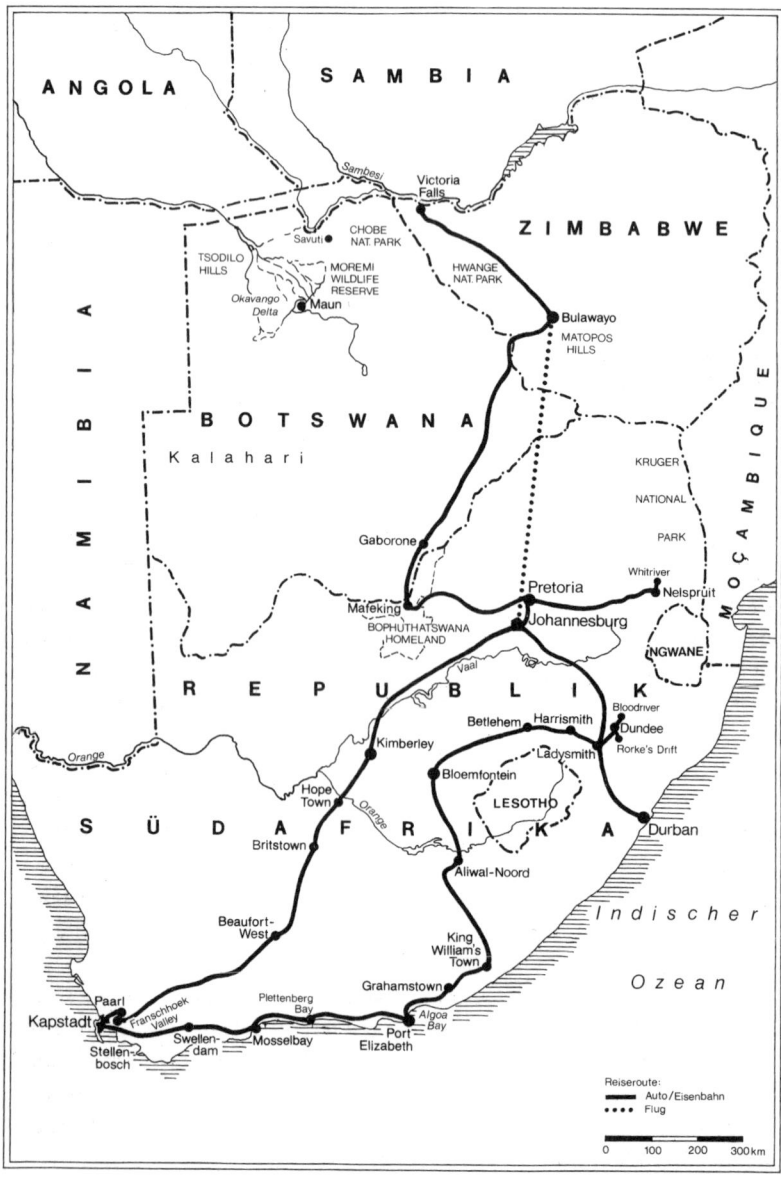

Südafrika

Begegnung in Pretoria oder
Anstelle eines Vorworts

Die tief gestaffelten Gebirgszüge der Drakensberge zogen wie die gezackten Rücken urzeitlicher Riesenechsen unter uns vorbei. Das gleichmäßige Dröhnen der zweimotorigen Cessna, die in 9 000 Fuß Höhe Kurs auf Pretoria hielt, nahmen wir nur noch unbewußt wahr. Wir waren gefangen von dem Anblick der zerklüfteten Berge und der schier endlosen Ebenen des südafrikanischen *Highveld*. Felder und Weiden, von Horizont zu Horizont, leuchteten in der tiefstehenden Septembersonne wie ein goldbraunes pazifisches Meer, das sich nie zum Sturm erhebt.

Nirgendwo ist der Himmel höher und weiter und von einem tieferen Blau als über Afrika. Nirgendwo ist die Sinfonie der unterschiedlichsten Landschaften grandioser als in Südafrika. Ansichtssache? Vielleicht. Jedenfalls haben wir, meine Frau Helga und ich, uns an keinem anderen Ort der Welt freier und der Natur näher gefühlt als in den Ländern des südlichen Afrika – aber auch nirgendwo so zwiespältig.

Wir wollten an jenem Septembertag nicht daran denken, daß wir dieses faszinierende Land schon bald wieder verlassen mußten. Der *Bazillus Africanus*, der schon so viele Afrikareisende vor uns befallen hatte und auch nach uns noch befallen würde, saß uns unabänderlich im Blut. Wir würden wiederkommen, das war uns damals schon klar. Und die verlockende Herausforderung, mich als Schrift-

*Das trutzige Voortrekker-Denkmal in Pretoria. Eine Ringmauer symbo-
lisiert die Wagenburg, die die Buren in der Schlacht am Bloodriver errichtet
haben.*

steller historischer Romane mit der Geschichte Südafrikas intensiv
zu beschäftigen, sollte mich von da an nicht mehr loslassen und
Jahre später zu unserer großen Recherchenreise führen, über die ich
in diesem Buch berichten will. Und daß dem so war, hat zu einem
großen Teil auch mit Willy Zingg zu tun.

Willy Zingg, den sportlich durchtrainierten Mittvierziger und
Schweizer mit den khakifarbenen Shorts und Pilotenhemden, trafen
wir nach der Landung in Pretoria am Hangar der kleinen Charter-
firma, mit der wir ins östliche Transvaal geflogen waren. Er wollte
ins selbe Hotel wie wir, und so teilten wir uns das Taxi – ohne zu
ahnen, daß dies der Beginn einer ganz besonderen Freundschaft
war.

Auf der Fahrt erzählte er uns, er sei so etwas wie ein Buschpilot
in Botswana. Wir hatten eine Wellenlänge, fanden uns auf Anhieb sympathisch und aßen zusammen zu Abend. Natürlich kam
unser Gespräch sehr schnell auf die politische Lage. Die schweren

Das Regierungsgebäude in Pretoria. Wer wird in Zukunft hier die Entscheidungen treffen? Die Weißen? Die Schwarzen? Oder eine Koalition aus beiden?

Unruhen in den Townships, mit denen die Schwarzen gegen die drohende Vollstreckung der Todesurteile gegen die »Six of Sharpeville« protestiert hatten, lagen erst wenige Monate zurück. Wir schrieben das Jahr 1988.

»Bei aller Liebe zu diesem Land, aber daß es sich bei der Apartheidpolitik eindeutig um schlimmen Rassismus und zudem auch noch um eine Sackgasse in die Gewalt handelt, muß mittlerweile doch jedem weißen Südafrikaner aufgegangen sein«, sagte ich.

Willy nickte nachdenklich.

»Und daß die Forderung der Schwarzen nach *One Man – One Vote!* überhaupt kein Diskussionspunkt sein kann«, fuhr ich fort, »muß den Leuten ebenso klar sein.«

»Ja, das ist richtig. Aber am grünen Tisch klingt das alles so klar und einfach«, entgegnete Willy. »Doch bei näherer Betrachtung vor Ort liegen die Dinge weit komplizierter. So viele Faktoren sind zu berücksichtigen. Und wie sehr man sich auch um größte Objektivität und Gerechtigkeit bemüht, man wird diesem wunderschönen und politisch so zerrissenen Land und seinen Kulturen niemals wirklich gerecht werden, geschweige denn, daß man genau voraussagen könnte, wie sich die Politik auch nur in der nächsten Zukunft entwickeln wird.«

Ich mußte ihm recht geben. Irgendein Aspekt kam immer zu kurz, blieb auf der Strecke, und nach einem Wechselbad der Gefühle und Urteile kam man zwangsläufig zu Einschätzungen, die der Komplexität des Landes keine volle Gerechtigkeit widerfahren ließen, auch wenn man noch so sehr mit seinem Intellekt *und* seinen Emotionen darum gerungen hatte. Wo schwärmerische Begeisterung und brennender Abscheu sich vermischen, da fällt es schwer, zur Wahrheit vorzudringen – vorausgesetzt, es gibt diese alleingültige Wahrheit überhaupt.

Und doch, ich wollte es dabei nicht belassen. »Die Schwarzen in die Homelands wie die Ciskei oder Transkei auszugrenzen, ihnen die südafrikanische Staatsbürgerschaft zu nehmen und sie im eigenen Land wie Gastarbeiter mit begrenzter Arbeits- und Aufenthaltserlaubnis zu behandeln, ist doch geradezu grotesk. Diese Homelands, die zumeist in unfruchtbaren Gebieten liegen, kann doch kein vernünftiger Mensch als unabhängige Staaten akzeptieren.«

Willy nickte und nippte an seinem Weißwein. »Einerseits hast du recht, und das mit der Apartheid und den Homelands ist von vornherein politisch idiotisch und menschlich entwürdigend gewesen. Aber die Wirklichkeit des Landes, insbesondere seine politisch-gesellschaftliche, ist schwerer zu fassen als ein nasses Stück Seife unter der Dusche. Und Urteile wie unverrückbare Monolithen zu setzen, egal von welcher Seite, bringt einen nicht weiter. Man muß sich schon erst einmal selbst die Mühe *und* das Vergnügen machen, persönlich alle Widersprüchlichkeiten zu erleben und dann seinen eigenen Standpunkt in diesem Treibsand der Meinungen zu finden. Um nur mit der Wirtschaft zu beginnen«, fuhr Willy, in Fahrt geraten, fort. »Südafrika ist das wirtschaftsstärkste Land Afrikas. Gold und Diamanten, Kohle, Chromerz, Platin und andere Metalle liegen unter seinen Steppen und Gebirgen. Es besitzt eine Landwirtschaft, die mühelos den Nahrungsbedarf von halb Afrika decken könnte. Es ist der fünftgrößte Zucker- und der zweitgrößte Maisexporteur der Erde. Es liefert Bananen, Ananas, Zitrusfrüchte, ja sogar Wein in alle Welt, und seine Rinderzucht und Produktion von Schaf- und Angoraziegenwolle können sich sehen lassen.

Glaubst du, daß die Schwarzen in der Lage sein werden, wenn einmal andere politische Verhältnisse im Land herrschen, mit diesen Reichtümern kompetent und sorgfältig umzugehen? Glaubst du, daß sie fähig sein werden, den Lebensstandard und die internationale Stellung des Landes, die von dieser Wirtschaftsmacht abhängen, zu sichern?«

»Aber diese Wirtschaftsmacht steht auf den tönernen, bröckelnden Beinen der Apartheid«, warf ich erregt ein.

». . . die dieses Jahrhundert bestimmt nicht überleben wird«, ergänzte Helga.

»Und wenn dieses wackelige Goldene Kalb stürzt, dann wird es vielleicht ganz Südafrika unter sich begraben«, pflichtete ich ihr bei.

»Ja, die Apartheid wird fallen, und die Schwarzen werden dasselbe Stimmrecht erhalten wie die weißen Südafrikaner«, sagte Willy und fügte dann zögernd hinzu: »Aber dann wird es das Land, so wie wir es kennen und lieben, bald nicht mehr geben – und ich meine damit nicht nur die Privilegien der Weißen.«

Wir setzten unser Gespräch in der Bar fort. Wir redeten über den Haß zwischen Xhosas und Zulus und die noch längst nicht beigelegte Feindschaft zwischen Engländern und Buren. Wir sprachen davon, daß die 16 % Weißen im Lande praktisch unbeschränkt über die 70 % Schwarzen, die die Regierung in neun »Bantunationen« untergliedert hatte, und die 10 % Mischlinge und 3 % Asiaten herrschten. Daß sich die Schwarzen im Afrikanischen Nationalkongreß (ANC) seit 1912 und im Panafrikanischen Kongreß (PAC) seit 1959 zusammengeschlossen hatten, um teils gewaltlosen, teils gewaltsamen Widerstand zu leisten. Daß beide Bewegungen verboten worden waren. Daß heute auch unter den schwarzen »Nationen« erbitterter Haß und Rivalitäten herrschten, vor allem zwischen Xhosas und Zulus, den größten dieser »Nationen«. Wir sprachen über die immer noch bestehenden Animositäten zwischen Engländern und Buren, verständlich nach den erbitterten, grausamen Aus-

Legendär wurde der Zug der Voortrekker über die Drakensberge mit ihren zum Teil 16-spännigen Ochsenwagen.

einandersetzungen zwischen den holländischen Bauern, die ursprünglich das Land besiedelt hatten, und den Engländern, die es ihnen im blutigen Gemetzel des Burenkriegs von 1899–1902 endgültig entrissen und zur britischen Kolonie gemacht hatten. Noch immer versuchten einige Buren an den Glaubens- und Lebensprinzipien ihrer Vorfahren aus der Zeit der legendären *Voortrekker* mit blinder Starrköpfigkeit festzuhalten.

Die Sprache kam auch auf die trotz Apartheid anhaltend starke Einwanderung von Schwarzen aus den sogenannten freien schwarzen Staaten wie Mosambik, Botswana und Angola – und auf unsere westeuropäische Auffassung von Demokratie, die Willy allzu blauäugig und akademisch vorkam, um der Wirklichkeit gerecht zu werden.

Aber wir unterhielten uns auch über die Großartigkeit und relative Unberührtheit der Natur, die Kalahari und das Okavango-Delta . . .

»Also ihr müßt mich unbedingt besuchen kommen, wenn ihr wieder einmal in diesem Teil Afrikas seid.«

Wir versprachen es ihm gern und blieben in Kontakt. In den folgenden Jahren trafen wir Willy auf der Touristikmesse in Berlin und besuchten ihn in der Schweiz, in die er jedes Jahr in der »safarifreien Zeit« für ein paar Monate zurückkehrt.

Gleichzeitig rückte die faszinierende Geschichte des südlichen Afrika auf meiner Liste zukünftiger Romanprojekte immer höher. Der *Bazillus Africanus* drängte immer stärker zu einer Rückkehr nach Afrika, zu einer großen Reise, die dann auch Zimbabwe, das frühere Rhodesien, und Botswana umfassen sollte.

In jener Zeit stieß ich auch auf einen Artikel von Brigitte Scherer, Redakteurin im Feuilleton der *Frankfurter Allgemeinen Zeitung*, die am Schluß ihrer Reportage über eine Reise durch Südafrika das nachdenkliche Fazit zog: »In Südafrika wird der Besucher in die Probleme der ganzen Welt hineingezogen; ins ungeklärte Verhältnis zwischen Schwarz und Weiß, ins Bedürfnis nach Gerechtigkeit und den entgegengesetzten Anspruch, die eigenen Vorrechte nicht zu verlieren. Theoretisch ist jeder auf der Seite der Benachteiligten und der Unterdrückten. Nach der Begegnung mit Südafrika ist es freilich nicht mehr so einfach, sich der eigenen Betroffenheit über die Ungerechtigkeiten anderer so behaglich zu versichern, weil das in Wahrheit vielleicht nur selbstgerecht wäre. Europa hat Jahrhunderte zum Aufbau moderner Demokratien gebraucht. Wir haben keine Apartheid im Gesetz – aber den heimlichen Rassismus im täglichen Leben: gegen Türken, Asylanten, Mitmenschen, die anders leben als wir.«

Zwei Jahre nach unserer ersten oberflächlichen Reise durch Südafrika und unserer ersten Begegnung mit Willy Zingg unterschrieb ich einen Romanvertrag. Die nächsten Jahre sollte und wollte ich über die Besiedlung und Entwicklung Südafrikas zwischen 1806, als die Briten mit dem Argument der stärkeren Kriegsflotte die niederländische Kapkolonie ihrem Empire einverleibten, und 1914 einen großen Roman schreiben. Der Titel stand noch nicht fest: *Küste der Verheißung? Verlockendes Land?* Oder *Flammende Steppe?*

Im Sommer 1992 war es dann endlich soweit. Es war Zeit, zu einer intensiven Recherchenreise aufzubrechen, um meine Erinnerungen aufzufrischen, in den Archiven und Museen notwendige Informationen ans Tageslicht zu fördern und die historischen Orte aufzusuchen, über die ich zu schreiben gedachte.

Die Lage hatte sich seit unserem ersten Gespräch mit Zingg erheblich geändert. Der ANC, einst gebannt von den Weißen, war legalisiert und schickte sich nun an, die Macht zu übernehmen. Am 2. Februar 1990 hatte Präsident Frederik Willem de Klerk den Abschied von der Apartheid eingeläutet. Die Rassengesetze gehörten der Vergangenheit an. Aber seitdem ist bei den Schwarzen auch die Angst vor der Staatsmacht geschwunden. Die Kriminalität ist mörderisch angestiegen, und es vergeht keine Woche, in der unter den miteinander verfeindeten Schwarzen nicht an die hundert Todesopfer zu beklagen sind. Mit der Wirtschaft geht es reißend bergab, und zwar nicht nur wegen der weltweiten Rezession, sondern auch wegen der Rechtsunsicherheit und dem politischen Fieber im Lande.

Niemand weiß, wie einmal die Macht zwischen den Hauptakteuren – de Klerk als Exponenten der weißen Minderheit, Nelson Mandela als dem Führer des ANC, hinter dem gleichzeitig der große Stamm der Xhosa steht, und dem Zuluprinzen Mangosuthu Buthelezi mit seiner Zulupartei *Inkatha* – verteilt sein wird. Einige sprechen von einer Förderation aus relativ selbständigen Bundesstaaten für die einzelnen Stämme, andere von einem Einheitsstaat unter Führung von – ja von wem? Mandela? Buthelezi? Inwieweit ist überhaupt der ANC kommunistisch unterwandert? Manche hoffen, daß die marxistischen Führer durch die Ereignisse im Osten Europas doch gelernt haben könnten. Wieder andere legen Wert auf den Umstand, daß es in Südafrika, anders als in den sonstigen schwarzafrikanischen Staaten, eine relativ breite schwarze Mittelschicht gibt, so daß doch gemäßigte Kräfte die Oberhand behalten könnten.

Wie auch immer: Die Furcht vor einem Bürgerkrieg geht um, aber es gibt auch die Hoffnung, daß sich die Vernunft durchsetzt, daß sich die streitenden Parteien versöhnen und nicht nur ein friedlicher Übergang der Macht von Weiß auf Schwarz gelingt, sondern ein leidliches Einvernehmen zwischen allen Gruppen in den Jahren danach herrschen wird, mit Wohlstand für alle.

Das Leben der Schwarzen im Busch ist immer noch von alten religiösen Traditionen geprägt, wie diese heilige Hütte zeigt.

Kurz vor unserer Abreise im August erreichte ich Willy telefonisch in Botswana in seinem Basis-Camp in Maun, zwischen dem südlichen Zipfel des Okavango-Deltas und der Kalahari gelegen.

»Also ihr kommt endlich nach Afrika? Wunderbar. Wie sieht denn eure Reiseroute aus?« wollte er wissen.

»Erst die große Tour durch Südafrika, vier, fünf Wochen etwa, und dann wollen wir auf den Spuren von Cecil Rhodes und Livingstone nach Zimbabwe, bis hinauf zu den Victoriafällen«, teilte ich ihm unsere grobe Reiseroute mit.

»Das paßt doch bestens. Wir sehen uns also in fünf, sechs Wochen im *Victoria Falls Hotel*. Ich hole euch mit meiner Cherokee ab, und dann zeige ich euch das Afrika, das ich liebe!« versprach er, nachdem wir besprochen hatten, wie wir die nächsten Wochen in Kontakt bleiben wollten.

Wenige Tage später hob der Großraumjet der SAA mit uns an Bord kurz vor Einbruch der Dunkelheit von der Startbahn in Frankfurt ab. Im Non-Stop-Nachtflug düsten wir nach Süden, quer über den Schwarzen Kontinent, der schon die Fantasie so vieler Forscher, Schriftsteller und Eroberer beflügelt hatte. Und während wir in der Dunkelheit der Nacht, hoch über den Wolken, mehr als tausend Kilometer pro Stunde hinter uns ließen, dachte ich an die Buren, die vor hundertfünfzig Jahren von einem guten Tagwerk gesprochen hatten, wenn es ihnen auf ihren kühnen Trecks durch die Wildnis mit ihren sechzehnspännigen Ochsenwagen gelungen war, zwischen Sonnenaufgang und Sonnenuntergang eine Wegstrecke von zehn Kilometern zu bewältigen.

Und ich fragte mich, was uns in Südafrika, das sich in einem vor fünf Jahren noch kaum vorstellbaren Umbruch befand, wohl erwarten mochte.

Noch ein letztes Wort zu diesem Buch.

Wir schmücken uns gern mit dem Anspruch, um Objektivität bemüht zu sein. Aber Objektivität ist eine Illusion, und wer sich damit brüstet, ist entweder ein Dummkopf oder ein berechnender Lügner. Denn alles, was wir sehen, hören und erleben, filtern und ordnen wir ein – bewußt oder unbewußt – und kommen dann, gemäß unserer Erziehung und Ausbildung, unserer sozialen Umge-

Auf Schritt und Tritt stößt man auf hübsche alte Häuser im Kolonialstil, hier in der großen Karroo zwischen Beaufort West und Kimberley.

bung, unserem Wissensstand und unseren Vorlieben und Abneigungen zu unseren sehr persönlichen Schlüssen und Wertungen, und nichts davon, auch wenn man sich um Verständnis und Toleranz bemüht, ist jemals auch nur annähernd objektiv.

Daß dieses Buch meine ganz subjektiven Betrachtungen, Einschätzungen sowie Schwächen und Fehler widerspiegelt, liegt somit in der Natur der Sache. Jeder Schriftsteller oder Journalist kann die Welt letztlich nur so beschreiben, wie er sie sieht, und jeder sieht sie, auch bei größter geistiger Übereinstimmung, ein klein wenig anders, und das ist auch gut so.

Gold Reef City

Man nannte sie »Die drei Georges«, die Farmarbeiter George Walker, George Harrison und George Honeyball, und sie gingen in die Geschichte ein. Sie waren auf der Farm *Langlaagte* damit beschäftigt, ein neues Wohnhaus zu errichten. In ihrer Freizeit betätigten sie sich in der fast menschenleeren Savannenlandschaft des Witwatersrand als Prospektoren und schürften nach Gold.

An einem Sonntagmorgen im Februar des Jahres 1886 wanderte George Walker wieder einmal über das karge *Veld* (freie Natur) des Hochlandes und brach ein Stück Felsgestein ab, das aus dem Boden herausragte. An der Bruchstelle bemerkte er Spuren von Gold. Er zermalmte das Gestein, wusch es aus und behielt tatsächlich Goldpartikel in seiner Waschpfanne zurück. Damit hatte er das größte Goldvorkommen der Welt entdeckt – zumindest nahm George Walker nach dem Ausbruch des Goldrausches dieses Recht für sich in Anspruch.

Zugesprochen wurde das Entdeckerrecht jedoch einem anderen George, nämlich George Harrison. Alte Dokumente in Pretoria weisen in der Tat darauf hin, daß er es war, der das erste Gold auf *Langlaagte* fand. Dafür spricht, daß er ein erfahrener Goldschürfer aus Australien war sowie ein Brief aus jenen Tagen vor dem Goldrausch, in dem er als erster den Fund von goldhaltigem Gestein erwähnt und davon spricht, daß es sich lohnt, dieses Goldfeld zu bearbeiten – ». . . it is a payable goldfield«, wie er sich wortwörtlich ausdrückte.

Daß sich George Harrison jedoch selbst nicht an der Ausbeutung der unvorstellbar reichen Goldfelder beteiligte, sondern sein Entdeckerrecht verkaufte und spurlos verschwand, als hätte es ihn nie gegeben, war vielen ein Rätsel. Wenn man jedoch weiß, daß die britischen Kolonien in Südafrika und die britischen Kolonien in Australien auf Verwaltungsebene engen Kontakt miteinander hielten und daß ein gewisser George Harrison in Australien wegen Unterschlagung gesucht und in Afrika vermutet wurde, ist es schon weit weniger rätselhaft, weshalb jener George Harrison von *Langlaagte* es vorzog, auf das Gold zu verzichten und aus dem grellen Licht des öffentlichen Interesses wieder in das schützende Dunkel der Anonymität zu entschwinden.

Die Kunde von den Goldfunden ließ nicht allein gewöhnliche Schürfer, Glücksritter, Händler, Tavernenwirte und Prostituierte aus allen Himmelsrichtungen in das Gebiet am Witwatersrand strömen, sondern zog auch vermögende Investoren wie Cecil Rhodes, C. H. Rudd und andere an. Zu diesen Spekulanten gehörte auch J. B. Robinson. Im Gegensatz zu Cecil Rhodes, der sich vom Goldgehalt des Gesteins wenig beeindruckt zeigte, witterte Robinson ein großes Geschäft. Er nahm einen Teil der Farm für ein Jahr unter Kaufoption. Der Wert der Farm lag vor den ersten Goldfunden vielleicht bei £ 70. Robinson war laut Vertrag jedoch bereit, £ 6 000 zu bezahlen. Seine Freunde hielten ihn für verrückt. Doch er engagierte Prospektoren, entdeckte das *gold reef* bei Randfontein und kaufte das Land für £ 7 000. Er investierte in sein Goldunternehmen, das seine reichen Spekulantenfreunde spöttisch »Kohlgarten-Investment« nannten, insgesamt £ 31 000. Wenige Jahre später war sein Investment am Witwatersrand £ 18 Millionen wert.

»Kein gar so übler Ertrag für einen Kohlgarten«, soll Robinson seinen Freund und Diamanten-König Cecil Rhodes aufgezogen haben.

Aus dem Zelt- und Hüttenlager der Goldschürfer entwickelte sich schnell eine Stadt, der man den Namen Johannesburg gab, da der Präsident und mehrere andere prominente Regierungsmitglieder der Burenrepublik Transvaal den Vornamen Johannes trugen. Als es jedoch um die Stadtplanung ging, gaben sich die strenggläubigen Buren großzügig und sorgten für unnötig viele Straßenkreuzungen, womit die Saat für die Verkehrsprobleme späterer Jahrzehnte gelegt war. Was extrem viele Straßenkreuzungen mit christlichem Glauben und strenger Moral zu tun haben, wollen Sie wissen? Nun, schon damals war bekannt, daß Tavernen am liebsten an Straßenecken ihre Pforten und Zapfhähne öffneten. Und Tavernen brachten dem Staat mehr Steuereinnahmen als jedes andere Geschäft. So kam es, daß die Zahl der Tavernen im Johannesburg der frühen Jahre, das keine zehn Jahre nach den ersten Goldfunden schon hunderttausend Einwohner zählte, die der anderen Geschäfte bei weitem übertraf.

Unsere erste afrikanische Nacht, in luftiger Höhe und relativ komfortabel verbracht, liegt hinter uns. Beim Landeanflug auf Johannesburg sitze ich im Cockpit hinter Flugkapitän Houghton auf dem Sitz des ersten Offiziers Michael Hetzler, Afrikaner der zweiten

Generation und wohl noch keine dreißig Jahre alt. Seine Eltern sind nach dem Zweiten Weltkrieg nach Südafrika ausgewandert. Er spricht neben Englisch und Afrikaans fließend Deutsch.

Unter uns liegt das Highveld, das rotbraune Hochland, im Licht der Morgensonne. Mich erfaßt wieder das bekannte Kribbeln, das mich immer überfällt, wenn wir uns mit einem vollgedrängten Recherchenprogramm unserem ersten Ziel nähern. Dann fühle ich mich hin- und hergerissen zwischen freudiger Erregung, daß es nun endlich an die Arbeit geht, und quälenden Selbstzweifeln, ob ich denn wohl auch all meine gesteckten Ziele erreichen und überall das gewünschte Material in der mir zur Verfügung stehenden Zeit finden werde. Wenn man James Michener heißt, ein reicher Mann ist und es sich erlauben kann, ein ganzes Jahr und länger zu recherchieren und einen Stab von Mitarbeitern zu beschäftigen, kommt es natürlich auf ein paar Wochen mehr oder weniger nicht an. Mir jedoch sind Grenzen gesetzt. Sechs, acht Wochen, die ich nicht schreibe, sind – sehr profan ausgedrückt – Wochen, in denen ich kein Geld verdiene, während zur selben Zeit Reisekosten und laufende Ausgaben zu Hause empfindliche Löcher in mein Konto reißen.

Ich frage mich aber auch, ob ich in all dem Material, das ich die nächsten Wochen sichten werde, auch jene geistigen Anstöße finde, die ich brauche, um meine Romanhandlung zu entwickeln. Natürlich habe ich mir vom Handlungsablauf ein grobes Konzept gemacht. Ich weiß die Zeit und die historischen Begebenheiten, die ich in dieser Familien-Saga verarbeiten will, und einige wichtige Charaktere haben auch schon Gestalt angenommen, aber doch nur vage. Noch leben sie in meiner Fantasie nicht richtig, weil ihnen das Fleisch und Blut fehlt, und das bekommen sie zumeist erst, wenn ich eingetaucht bin in die Epoche, über die ich zu schreiben gedenke, mit all ihren kleinen Details des tagtäglichen Lebens. Deshalb quält mich die Frage, ob ich auch die richtigen Tagebücher und Berichte finden werde, die meine Fantasie in die richtige Richtung weisen und meinen Figuren später beim Schreiben das Leben schenken, das nötig ist, um glaubhaft zu sein und das lesende Publikum in ihren Bann zu ziehen.

Michael Hetzler holt mich aus meinen Gedanken, indem er mich auf die ersten Außenbezirke von »Joburg«, wie Johannesburg überall im Land genannt wird, hinweist. Riesige Siedlungen von kleinen Häusern und Hütten, die sich kilometerweit mit schnurgeraden Straßen im Schachbrettmuster erstrecken, tauchen vor uns auf. Natürlich handelt es sich um Vororte wie Soweto (die Abkürzung für South Western Township), die von Schwarzen bewohnt werden. Soweto hat eine traurige Berühmtheit durch die vielen Zusammenstöße zwischen Schwarzen und der Polizei erlangt. Im Juni 1976 wurden bei einem Aufstand rund 250 jugendliche Schwarze getötet.

Ich lege die Kopfhörer ab, über die ich den Funkverkehr zwischen dem Tower und unserer Maschine verfolgt habe, und nehme die Gelegenheit wahr, um den jungen Piloten zu seinen Ansichten über die Zukunft des Landes zu befragen.

Michael Hetzler gibt offen und unverkrampft Antwort. »Die Zeit der Apartheid, die uns in der Welt so lange und auch zu Recht isoliert hat, ist vorbei – wie auch die Zeit, in der wir Weißen die Geschicke des Landes bestimmen konnten.«

»Trauern Sie diesen Zeiten nach?«

Er zuckt die Achseln. »Nein, nicht wirklich, auch wenn man sich an all die Veränderungen erst einmal gewöhnen muß. Es mag noch einige geben, die sich damit nicht abfinden wollen, aber die sind mittlerweile doch in der Minderheit. Es führt einfach kein Weg daran vorbei, daß die Schwarzen, die nun mal die erdrückende Mehrheit der Bevölkerung ausmachen, die Macht übernehmen. Es geht jetzt eigentlich nur noch darum, wie und vor allem *welchen* Schwarzen die Macht übergeben wird, damit zwischen ihnen selbst nicht ein blutiger Bürgerkrieg ausbricht. Aber fragen Sie mich bloß nicht, wie das geschehen soll. Wenn ich das wüßte, würde man mir sicherlich den Friedensnobelpreis verleihen.« Und nach einem Moment der Nachdenklichkeit fügt er fast trotzig hinzu: »Ich glaube jedoch fest an eine friedliche Zukunft für Südafrika – und zwar für Schwarze *und* Weiße!«

Wir verlieren an Höhe, und die von Millionen Schwarzen dichtbesiedelten Randbezirke ziehen unter uns vorbei. »Die Schwarzen strömen in die großen Städte, und ein gigantisches Soweto nach dem anderen entsteht«, macht sich der Flugkapitän bemerkbar. »Niemand bekommt das in den Griff. Nicht de Klerk und auch nicht Mandela. Das da unten sind Zeitbomben, die ticken und von denen keiner weiß, wann sie hochgehen! Wer weiß, ob man sie noch früh genug entschärfen kann. Es ist ein Wahnsinn.« Er läßt offen, wessen Wahnsinn er damit meint.

Ich erhasche einen Blick auf die gigantischen Abraumhalden der ehemals 14 Goldbergwerke, von denen nur noch zwei wirtschaftlich genug sind, um in Betrieb gehalten zu werden. Die Goldförderung hat sich längst an andere Orte Südafrikas verlagert. Die Abraumhalden, von denen manche ein Areal in Anspruch nehmen, auf dem eine deutsche Kleinstadt bequem Platz finden würde, türmen sich im Südwesten von Johannesburg auf und erinnern mit ihrer intensiven, weithin sichtbaren Goldfarbe, welchen Bodenschätzen die Stadt ihre Gründung und Südafrika einen Gutteil seines wirtschaftlichen Aufschwungs verdanken.

Bis zur Landung sind es nur noch wenige Minuten. Mein Blick fällt auf die besseren Vororte, wo jedes Haus vom saftigen Grün eines Gartens, manchmal auch eines kleinen Parks umgeben ist. Es ist, als hätte jemand einen Beutel mit Smaragden über diese Teile der Stadt geleert, so grünblau leuchtet das Wasser der vielen Swimmingpools zu uns empor. An der Wolkenkratzerskyline von Johannesburg, fast 1800 m über dem Meeresspiegel gelegen, bricht sich das Sonnenlicht. Wenig später setzen wir zur Landung an und rollen auf der Landepiste des Jan Smuts Airports aus.

»Willkommen in Südafrika!« Michael Hetzlers Lächeln verrät Stolz auf sein Land.

Johannesburg hat sich seit unserem letzten Besuch stark verändert. Keine gepanzerten Mannschaftswagen und keine Soldaten mit Schnellfeuergewehren mehr an jeder Ecke. Überall ein Gemisch der Rassen. Aber der Verkehr auf den vorzüglichen Stadtautobahnen und Schnellstraßen ist so dicht wie eh und je, und in Downtown, im Schatten der Wolkenkratzer, herrscht ein buntes, pulsierendes Leben und Treiben. Und doch ist Joburg, wie auch Michael Hetzler vor unserem Abschied bedauernd einräumt, eine Großstadt ohne besonderes Flair. Zudem ist man auf Joburgs Straßen nicht mehr so sicher wie früher. Es mangelt an Polizeikräften, aber darin unterscheidet sich Joburg nicht von New York und Miami oder Rom und Frankfurt. Die Hoffnung, die meist eine Illusion ist und dann zum Alptraum wird, nämlich in der großen Stadt der Tristesse und Armut auf dem Land zu entfliehen und hier sein Glück zu machen, notfalls auch mit kriminellen Methoden, ist nicht an Nationalität und Hautfarbe gebunden.

Für Kunst- und Kulturinteressierte gibt es in Joburg gewiß einiges zu sehen und zu erleben, doch sonst lohnt kaum etwas einen Zwischenstop, der über eine Übernachtung hinausgeht – ausgenommen vielleicht die *Gold Reef City*.

Diese »Stadt«, knappe fünfzehn Autominuten vom Zentrum Joburgs entfernt, ist eine interessante und recht gelungene Mischung aus Vergnügungspark für jung und alt und Museum zum Anfassen und Erleben. Auf dem großen Gelände finden sich, neben den Fun-Attraktionen, zahlreiche Gebäude, die im Stil des vergangenen Jahrhunderts gebaut sind und dem Besucher einen Eindruck vom Leben in der Goldgräberstadt vor gut hundert Jahren geben. Mittelpunkt und schon von weitem Blickfang von *Gold Reef City* ist der Förderturm von Shaft N. 14, der alte Förderschacht einer stillgelegten Goldmine, in die nun nicht mehr Bergarbeiter einfahren, sondern Besucher aus aller Welt, die unter Tage einen interessanten Eindruck von der Arbeit in einer Mine erhalten und einen Blick auf goldhaltiges Gestein werfen wollen.

Für die Dauer unseres Aufenthalts in Joburg steigen wir im nostalgischen und in jeder Hinsicht empfehlenswerten *Gold Reef City Hotel* im Zentrum der Anlage ab. Der Grund dafür ist nicht etwa, daß wir den Trubel suchen (um diese Jahreszeit versickert der Touristenstrom sowieso zu einem angenehm stillen Rinnsal), sondern es sind Sicherheitsgründe. Die großen modernen 5-Sterne-Hotels in Downtown mögen zwar mit einem noch größeren Komfort reizen, doch leider nehmen die Überfälle in ihrer Nähe in erschreckendem Maße zu, was auch nur zu logisch ist. Wer darauf aus ist, einem Touristen die Videokamera oder die Handtasche zu entreißen, braucht an diesen Stellen der Stadt nicht lange zu warten, um ein ihm lohnend erscheinendes Opfer zu finden.

Das Gebäude unseres Hotels stammt noch aus der Pionierzeit. Welche Goldspekulanten oder Diamantenclaimsbesitzer mögen hier aus- und ein-gegangen sein?

Da ziehen wir es vor, in dem umzäunten und sehr sorgfältig bewachten (und nachts herrlich ruhigen) Gelände von *Gold Reef City* zu wohnen und dafür lieber täglich eine Viertelstunde mit dem Auto zu fahren, um in die Stadt zu kommen. (Gern in Kauf nehmen wir auch den Schildkrötengang mancher Kellner im ansonsten emp-fehlenswerten Restaurant und den Umstand, daß dort morgens, mittags und abends immer – und immer wieder – dieselbe Elton-John-Kassette abgespielt wird.)

Unser Zimmer mit angrenzendem Wohnzimmer inklusive Ka-min ist so nostalgisch eingerichtet, wie es das gepflegte Äußere des Hotels verspricht. Das Himmelbett und auch alle anderen Möbel-stücke könnten glatt aus dem Herrenhaus eines erfolgreichen Gold-spekulanten stammen, und die Badewanne mit ihren Messingfüßen sowie die Wasserhähne und der Waschtisch (bei fließend warmem und kaltem Wasser wohlgemerkt!) erinnern ebenfalls an längst vergangene Pionierzeiten.

Eine kurze Dusche sowie ein rascher Imbiß zum Lunch – und schon zieht es mich magisch in die Stadt. Mein einziges Ziel ist die *Strange Library of Africana*, die im mächtigen Gebäude der *Public Library* am Market Square untergebracht ist.

»Muß das wirklich sein, jetzt sofort nach der langen Reise? Hat das nicht Zeit bis morgen? Das Archiv läuft dir doch nicht weg«, seufzt Helga und weiß doch schon, daß ich jetzt, wie stets an solchen ersten Tagen auf Recherche, auch noch so vernünftigen Argumenten nicht zugänglich bin.

»Nur ein, zwei Stunden, um zu sehen, was sie haben«, verspreche ich, von der Sorge gequält, die Arbeit nicht zu schaffen oder kostbare Zeit im falschen Archiv mit uninteressiertem Personal zu vertrödeln.

Wie habe ich mich getäuscht. Ich bin nicht nur im richtigen Archiv, sondern gerate auch mit Mrs. Irene Bendle an eine Bibliothekarin, wie ich sie mir hilfsbereiter gar nicht wünschen könnte, und das gilt auch für ihre Mitarbeiter.

Am nächsten Tag sind Helga und ich schon um neun im herrlich altmodischen Lesesaal, nehmen an dem langen Faktoreitisch Platz – und werden von Mrs. Bendle, einer stämmigen, resoluten Person um die Fünfzig, mit Material nur so eingedeckt. Sie ist nicht zu bremsen und schleppt aus allen Regalen und Schubladen Material heran, und das alles im Laufschritt eines Kadetten einer gestrengen Militärakademie.

Helga lacht. »Du hast den Glanz eines Süchtigen, der endlich seine Droge bekommt, in den Augen!« zieht sie mich auf, als ich mich mit Begeisterung in die Bücher, Karten und andere Dokumente stürze und gar nicht weiß, womit ich mich zuerst beschäftigen soll.

Soll ich mir erst *A Hunter's Life in South Africa* vornehmen, die Aufzeichnungen eines Großwildjägers Mitte des letzten Jahrhunderts, oder *White Gold* von Derek Wilson? Aber der Bericht *The Settlers and Methodism* von Reverend Eveleigh reizt mich genauso wie *The British Emigration Policy 1815–1830*, weil in dieser Zeit ja mein Roman beginnen soll. Und es türmen sich immer neue Bücher und Dokumente auf dem Tisch, an dem zehn Personen gut Platz hätten. Ich raffe wie ein Hamster, der einen langen und harten Winter befürchtet.

Die ersten Tage sind für mich und auch für Helga, die mir einen Großteil der Vorprüfung abnimmt und andere zeitraubende Aufgaben zu erledigen hat (wie etwa genaue Tagebuchaufzeichnungen während des Tages und auch während der Fahrt, zusätzlich zu meinen Notizen und auf Diktaphon festgehaltenen Eindrücken und Gesprächen), die schlimmsten. Ich bin nicht aus der Bibliothek zu bewegen. Helga muß mich zehnmal ermahnen, bis ich uns zwanzig Minuten für eine Mittagspause bei *Wendy's* gegenüber gestatte. Ich entwickle eine enorme Energie und benehme mich nicht viel anders als ein Schürfer, der plötzlich auf Gold gestoßen ist und die Waschpfanne einfach nicht mehr aus der Hand legen kann.

Am Abend im Hotel schwelge ich in den Kopien, die schon am ersten Tag in die Hunderte gehen, und lese – gelbe, grüne und rote Marker in der Hand, um wichtige Passagen sofort hervorzuheben. Ich fühle mich wie ein Prospektor auf verheißungsvollem Gelände.

Apropos Kopien. Als ich wegen der enormen Zahl der Kopien (die natürlich in Rechnung gestellt werden) bei Mrs. Bendle Bedenken anmelde, weil ich zum Teil ganze Bücher kopiert haben möchte, was stundenlange Arbeit am Kopierer bedeutet, da beruhigt sie mich: »Machen Sie sich darüber keine Gedanken. Dafür haben wir unsere Leute.«

Richtig. Unsere Leute – das ist schwarzes Hilfspersonal. Wie Moses Baloyi. Helga bekommt am dritten Tag Gewissensbisse, weil wir ihn so sehr auf Trab halten, daß sie sich anbietet, die Arbeit am Kopierer selbst zu übernehmen. Moses reagiert geschockt, fast beleidigt und in seiner Ehre verletzt. Er will wissen, ob wir mit seiner Arbeit denn nicht zufrieden sind. Wir sind es – und stellen einmal mehr fest, daß das Leben für die Weißen in diesem Land auch heute noch auf Schritt und Tritt von vielen Privilegien und Erleichterungen begleitet wird.

Für privilegiert gegenüber ihren schwarzen Brüdern halten sich auch Japhata und Jakob. Sie sind in unserem Hotel angestellt und nennen sich Butler, was eine etwas überzogene Bezeichnung für ihre Tätigkeit ist. Sie sorgen für die kleinen Annehmlichkeiten, etwa daß wir an kalten Abenden unsere Räume schon vorgewärmt vorfinden und frischen Tee und ein Glas Sherry genießen können, wann immer uns der Sinn danach steht, ohne den Fuß aus unseren Räumen setzen zu müssen.

Japhata ist für die Tagschicht eingeteilt, während Jakob Modise von sechs Uhr abends bis zum nächsten Morgen Dienst tut. Da wir morgens immer früh aus dem Hotel sind und abends erst zurückkehren, meist sogar zu müde, um zum Essen noch einmal auszugehen, haben wir viel mit Jakob zu tun. Nach vier Tagen, als wir Vertrauen zueinander geschöpft haben, wage ich mein erstes Interview mit einem Schwarzen über dieses sensible Thema Apartheid und bevorstehende Machtübernahme. Dabei spüre ich bei mir Hemmungen und sogar so etwas wie Schuldgefühl oder zumindest doch Scham, als trüge auch ich einen Teil der Verantwortung für das, was so viele Jahrzehnte, ja Jahrhunderte den Schwarzen in diesem Land angetan worden ist.

Ich frage ihn, ob er dem ANC angehört, und bin erstaunt über seine heftige Antwort: »Nein, und ich werde auch niemals einer Organisation angehören. Es macht für mich keinen Sinn, in dieser Zeit als Schwarzer einer Partei beizutreten, die mit anderen Schwarzen im Krieg liegt. Ob nun Xhosa-Chef Nelson Mandela oder Zulu-Chef Buthelezi, ich bin für keinen von beiden!«

»Von welchem Stamm sind Sie, Jakob?« will ich wissen.

»Ich bin ein Tswana, aber darum geht es nicht. Es geht darum, daß eine Demonstration der Macht, die fast immer in Gewalt ausartet, nur zur nächsten Gewaltdemonstration durch die konkurrierenden Gruppen führen kann. Das ist Töten, Töten ohne Ende!«

Er ist erregt, und seine Stimme zittert.

»Es ist so dumm und so sinnlos, und es bringt uns keiner Lösung näher«, fährt er fort. »Es sieht düster aus, für uns alle, Schwarze und Weiße. Der Boykott Südafrikas durch die Welt, den der ANC gefordert und auch bekommen hat, hat doch in erster Linie uns Schwarze getroffen. Vor zehn Jahren hat es noch für uns alle Arbeit gegeben. In einigen Jahren wird es für keinen von uns noch etwas geben. Nein, ich mag keiner der schwarzen Parteien angehören, denn denen geht es auch nur um die Macht. Da sind sie nicht besser als die weißen Politiker vor de Klerk.«

Und da, als fürchte er, schon zuviel gesagt zu haben, hat Jakob es eilig, aus dem Zimmer zu kommen, um weiteren Fragen vorzubeugen.

Tags darauf verlassen wir Joburg. Unser nächstes Etappenziel ist Ladysmith in der Provinz Natal, jenseits der mächtigen Drakensberge.

Über die Drakensberge gen Osten

Eine Autostunde hinter Johannesburg, gleichgültig in welcher Richtung, beginnt das eigentliche Afrika.

Kaum haben wir die letzten Vororte und die hoch aufragenden Abraumhalden hinter uns gelassen und sind von den stark befahrenen Stadtautobahnen auf die fast leere Landstraße N 3 übergewechselt, da scheint sich vor uns die Landschaft zu unendlicher Weite zu entfalten. Endlich zeigt Afrika sein wahres Gesicht, nämlich das der endlosen Savannen, weiten Täler und mächtigen Bergrücken, die aus fernen Ebenen wie Monumente in den Himmel aufragen. Hohes, gelbbraunes Gras, das an manchen Stellen einen ungewöhnlich rötlichen Schimmer aufweist, wogt über diese endlose Weite, so weit das Auge reicht. Die einzelnen Farmen und kleinen Siedlungen wirken in dieser scheinbar grenzenlosen Landschaft wie die vergessenen Außenposten einer Armee, die sich längst zurückgezogen hat.

Wir nehmen diese grandiose Landschaft, die gerade durch ihre Monotonie besonders erhaben wirkt, mit fast andächtigem Schweigen in uns auf. Das schwarze Asphaltband führt immer wieder schnurgeradeaus, wirft über Hügelkuppen kleine Wellen, wird schmal und spitz wie eine Pfeilspitze und verliert sich im strohgelben Gras des Horizontes.

Wir sind froh, daß kein Netz von vierspurigen Autobahnen Südafrika durchzieht. Bis auf die mehrspurigen Schnellstraßen in und um die wenigen Großstädte gibt es keine Autobahnen. Sie sind auch nicht nötig. Die gut ausgebauten Landstraßen – das Straßennetz umfaßt fast 400 000 km –, gelegentlich mit einer Überholspur versehen, befinden sich in einem hervorragenden Zustand. Dazu kommt, daß das Verkehrsaufkommen außerhalb der Städte auffallend gering ist. Es gibt keine Staus, kein Konvoi-Fahren und keine Probleme mit dem Überholen, wenn man denn mal einen Laster oder einen dieser kleinen Minibusse vor sich hat, mit denen die schwarze Bevölkerung in den Städten und auf dem Land fährt und die überall da halten, wo gerade jemand aus- oder zusteigen möchte.

Es verstreichen immer wieder zehn und mehr Minuten, in denen wir weder ein Auto vor noch hinter uns sehen und das Gefühl haben, ganz allein auf der N 3 zu sein, die nach Südosten verläuft und in Durban am Indischen Ozean endet, gute 580 Kilometer von Johannesburg entfernt.

Die zerklüfteten Bergzüge der Drakensberge wachsen vor uns aus der Ebene. Die Zulus haben ihnen den Namen »Quathlamba« gegeben, was soviel wie »Barriere der aufgerichteten Speere« bedeutet, und an der Grenze zwischen Natal und Lesotho, wo die Gipfel eine durchschnittliche Höhe von 3 000 m erreichen, genügt ein Blick auf die Kette gezackt in den Himmel ragender Bergspitzen, um zu verstehen, warum die Zulus auf diesen Namen verfallen sind.

Hinter Harrismith führt uns die N 3 aus dem Oranje Freistaat in die Küstenprovinz Natal. Und während wir in weiten Serpentinen den Van Reenen-Paß in Angriff nehmen und mit einem spektakulären Ausblick nach dem anderen belohnt werden, erinnere ich mich meiner anfänglichen Konfusion, als ich mit dem Studium der Besiedlung Südafrikas begann. Ich war verwirrt, als ich in diesen Berichten ständig auf die Drakensberge stieß, ob es sich nun um die Geschichte von Kapstadt, die Siedler von Grahamstown am Great Fish River oder die nach Transvaal treckenden Buren handelte. Immer war von den Drakensbergen die Rede, was mich, gelinde gesagt, doch leicht irritierte, denn zwischen Kapstadt im Süden und dem Transvaal im Norden liegen über 2 000 Kilometer. Bis ich dann die Karten intensiver zu Rate zog und feststellte, daß sich die Drakensberge mit ihrer Länge von tatsächlich fast 1 000 Kilometern vom Wolkenberg im östlichen Transvaal bis zum Stormberg in der Kap-Provinz erstrecken. Kein Wunder also, daß ich in so vielen Berichten aus so unterschiedlichen Regionen des Landes immer wieder auf ihre Erwähnung gestoßen bin. Diese gewaltige Gebirgskette, auch das Rückgrat Südafrikas genannt, trennt das Inland mit seinen hochliegenden Ebenen vom tieferliegenden östlichen Küstengürtel.

Nach rund 350 Kilometern, für die wir mit reichlich Pausen für einen Imbiß und viele Fotos viereinhalb Stunden gebraucht haben, erreichen wir gegen 16 Uhr Ladysmith. Die etwa 30 000 Einwohner zählende Kleinstadt liegt 1 000 m über dem Meeresspiegel im weiten Tugela-Becken, an den Ufern des Klip River und von dem eindrucksvollen Panorama der Drakensberge umgeben.

Die beiden mittleren Hügelketten, die Ladysmith weiträumig und wie zwei Ringe umschließen, waren für die Belagerung der Stadt im zweiten Krieg der Buren gegen die Briten 1899–1902 von großer strategischer Bedeutung. Die 120 Tage während Belagerung von Ladysmith durch die Buren, die diesen Krieg damals wie heute nur als den Zweiten Unabhängigkeitskrieg bezeichnen (der Erste Unabhängigkeitskrieg fand 1880–81 im Transvaal statt), gilt in der südafrikanischen Geschichtsschreibung als großartige Leistung, gelang es doch dem Burengeneral Piet Joubert, nach Siegen bei Dundee und Modderspruit, die mehr als 13 000 Mann starke britische Armee unter General Sir George Whites Kommando zum Rückzug nach Ladysmith zu zwingen und dort vom 30. Oktober 1899 bis zum 28. Februar 1900 festzunageln und jeglichen Ausbruchsversuch mit seiner bedeutend geringeren Streitmacht zu vereiteln. Erst als General Buller mit 40 000 Mann frischer Truppen und starker Artillerie die nahegelegene Tugela-Front, von knapp 5 000 Buren unter Louis Botha eisern verteidigt, zum Wanken brachte und den Weg nach Ladysmith für Entsatztruppen öffnete, gaben die Buren ihre Stellungen auf den umliegenden Hügeln und Bergrücken auf und zogen sich zurück.

Auf der Hauptstraße der beschaulichen Stadt, der Murchinson Street, werden wir vor dem *Royal Hotel*, mit seinen zwei Sternen das beste am Ort und gehobener Treffpunkt der weißen Bürger auf

Vom alten Vorderlader bis zur 15-Pfünder-Kanone findet man im Siege Museum (Ladysmith) alles, was im Burenkrieg zum Einsatz kam.

ein Bier oder ein gutes Essen (wir treffen später aber auch Schwarze an der Theke), schon von Thys Grobler und Johann Swanepoel erwartet, die dem örtlichen Lions-Club angehören – und Wert darauf legen, daß sie Afrikaner burischer – und nicht etwa britischer! – Abstammung sind.

Schon vor Monaten habe ich von Deutschland aus mit ihnen per Fax Kontakt aufgenommen und sie gebeten, Verbindung mit dem Kurator des örtlichen *Siege Museums* (Belagerungsmuseum) aufzunehmen und ihn auf mein Kommen und meine Wünsche vorzubereiten. Ganz Lions-Freunde und ohne von mir mehr als meinen Namen und die Absicht meines baldigen Recherchenbesuches zu wissen, hatten sie sich meiner Wünsche angenommen.

31

Thys, der so abgehackt spricht, als könnte er die Worte im Englischen nicht schnell genug über die Lippen bringen, hat sich auch um unsere Unterbringung gekümmert.

»Wenn möglich keine Zimmerreservierung in einem dieser sterilen und weltweit gleichförmigen Business-Hotels!« hatte ich ihm gefaxt. »Bitte etwas mit Lokalkolorit. Suche Kontakt zu den Einheimischen.«

»Wie wäre es mit einer Guest-Farm ein paar Kilometer außerhalb der Stadt?« lautete zwei Tage später sein gefaxter Vorschlag. »Sehr einfach, sehr sauber und sehr viel Lokalkolorit. Familienkontakt garantiert!«

»Buchen!«

Nachdem wir uns auf der Straße vor dem Hotel kurz begrüßt haben, bringen uns Thys und Johann zu unserem Quartier, das viereinhalb Kilometer außerhalb von Ladysmith liegt.

Als wir die Landstraße verlassen, über Eisenbahnschienen rumpeln und dann einer schlaglochübersäten Sandpiste folgen, die in Richtung einiger nicht gerade einladend wirkender Behausungen führt, tausche ich mit Helga einen besorgten Blick.

»Wo die uns bloß hinführen«, murmelte ich beunruhigt. »Wer weiß, was Thys und Johann unter einfacher Guest-Farm mit viel Lokalkolorit verstehen.«

»Mhm«, macht Helga und seufzt. »Das *Royal Hotel* sah gar nicht so übel aus. Richtig alt mit Charakter und so . . .«

»Lokalkolorit eben«, pflichtete ich ihr bei. »Aber gebucht ist gebucht. Schauen wir uns die Gäste-Farm wenigstens mal an.« Wir machen uns auf das Schlimmste gefaßt und sagen uns, daß man für 50 Rand, was etwa DM 25 entspricht, für Übernachtung und Frühstück pro Person nun mal keinen Palast erwarten kann. Doch insgeheim wünschen wir, wir hätten doch nicht soviel Nachdruck auf Lokalkolorit gelegt. Aber dafür ist es nun zu spät.

Gott sei Dank sind die schäbigen Häuser nicht das Ziel unserer vorwegfahrenden Führer. Wir passieren sie in einiger Entfernung. Dann weist ein kleines, farbiges Schild auf die Gäste-Farm von Margaret und Douglas McMaster hin. Der Pfad, auf den wir abbiegen, führt leicht bergan, ist nicht viel breiter als unser japanischer

Mittelklassemietwagen und beidseitig von Sträuchern mit finger-langen, silbrigen Dornen sowie von fast mannshohen Aloen ge-säumt.

Nach etwa einem halben Kilometer macht der schmale, holprige Weg eine scharfe Linkskurve. Das erste, was mir ins Auge fällt, ist rechts vor uns ein quadratisches Steinhaus, das kaum höher als zwei Meter ist und über ein erdgedecktes Flachdach verfügt. Während die Mauern bis zur Brusthöhe aus schweren Feldsteinen zusammen-gefügt sind, besteht der obere Teil aus Wellblech, in das Schieß-scharten eingelassen sind. Das Ganze macht den Eindruck eines wehrhaften militärischen Unterstandes.

Helga schluckt. »Das kann doch unmöglich . . .«, setzt sie betrof-fen an.

»Da! . . . Schau nach links!« rufe ich.

Helgas Blick folgt der Richtung meiner Hand. Und dann lächelt sie erleichtert – so wie ich.

Mit Kilt und Dudelsack

Hinter einer wahrhaft mächtigen Schirmakazie, deren imposant ausladende Krone ihrem Namen alle Ehre macht, erhebt sich ein großes reetgedecktes Haus mit fast bis zum Boden reichenden Sprossenfenstern und einem L-förmigen Grundriß. Es ist ein anhei-melndes Haus, das schon auf den ersten Blick Behaglichkeit und Individualität ausstrahlt. Vor dem Haus laufen Hühner frei herum. Ein Stück weiter rechts sehen wir einen großen, halboffenen Well-blechschuppen, bei dem es sich offensichtlich um eine gutausgerü-stete Werkstatt handelt.

Kaum sind wir ausgestiegen, da schießt eine vierköpfige Hunde-meute mit mehr fröhlichem als aggressivem Gebell aus dem Haus auf uns zu. Die Promenadenmischungen beruhigen sich schnell und werden zutraulich, sowie die McMasters erscheinen und uns will-kommen heißen.

Margaret, eine dunkelhaarige und charmant nachlässig gekleidete Frau Mitte Vierzig, ist die Warmherzigkeit in Person. Sie vermittelt uns das Gefühl, als würden wir uns schon lange kennen und einander schätzen. Ihr Mann Douglas, von allen nur Doug genannt, ist nicht weniger freundlich. Er ist ein Mann von kräftiger Statur, mit einem wilden weißen Vollbart und gleichfalls ergrautem Haar. Er ist Anfang Fünfzig, Mechaniker, und lebt davon, daß er defekte Maschinen aller Art in seiner Werkstatt wieder zum Laufen bringt.

Stolz führt Margaret uns durch ihr Haus, das sie mit ihrem Mann in dreijähriger Arbeit selbst gebaut hat. »Immer wenn wir etwas Geld hatten, haben wir Material gekauft und weitergebaut«, erklärt sie.

Überall solide Handarbeit. Die Böden bestehen aus hellen, breiten Dielenbohlen, während die schweren Deckenbalken einen schwarzen Anstrich tragen.

Die Einrichtung des Hauses ist so individuell wie die McMasters selber. Bevor wir einen Kommentar abgeben können, räumt Margaret lachend und freimütig ein: »Doug und ich, wir teilen die Sammelleidenschaft. Eigentlich gibt es nichts, was wir nicht sammeln.« Das ist wahrlich nicht zu übersehen.

Die Räume sind mit allem möglichen Sammelsurium vollgestellt, so daß man sich in einem Museum ganz persönlicher Art wähnt – oder einem Trödelladen, wo Kitsch und Kostbarkeiten eine gemütlich versponnene Verbindung eingehen. Und daß Douglas McMaster schottischer Abstammung ist, fällt sofort ins Auge. Das Eßzimmer kann man fast als den Schrein eines Hochländers im Exil bezeichnen. Fast alles, worauf hier das Auge fällt, hat auf die eine oder andere Art mit Schottland zu tun, ob es sich nun um die einzelnen Clanbilder und den gestickten schottischen Wandbehang handelt, die Untersetzer für Gläser oder die Schallplattensammlung – Schottland ist auf die eine oder andere Art immer präsent.

»Doug ist Südafrikaner in der sechsten Generation, aber in seinem Herzen ist er genauso Schotte geblieben wie all die anderen afrikanischen McMasters vor ihm«, sagt sie lachend und zeigt uns ein Bild, auf dem Doug mit Kilt und voller Tracht seines Clans zu sehen ist – und Dudelsack spielt.

Die beiden Gästezimmer – zwei weitere unter dem Dach werden in den nächsten Monaten fertig werden – haben auf sehr reizvolle

Weise von der Sammelleidenschaft der MacMasters profitiert. Beide vermitteln mit den alten Möbeln und dem mit Kissen liebevoll drapierten Himmelbett eine romantisch nostalgische Atmosphäre. Wir fühlen uns ein wenig an unser Zimmer im *Gold Reef City Hotel* erinnert. Doch hier picken die Hühner vor unseren Fenstern, und am späten Nachmittag taucht sogar ein junger Springbock auf dem sandigen Vorplatz bei der Schirmakazie auf.

Wir fühlen uns auf Anhieb wohl bei den McMasters und sind nun doch froh, nicht in der Stadt in einem der Hotels zu wohnen. Dieses Reethaus, mitten im *Veld* auf der Kuppe einer Anhöhe, ist genau das, was wir uns gewünscht haben. Und was macht es, daß wir das Badezimmer mit ihnen teilen und zum Duschen drei Schritte aus dem Haus müssen, denn das Duschhaus ist erst später angebaut worden und verfügt über keine Verbindungstür innerhalb des Hauses. Alles ist sauber, und die Herzlichkeit unserer Gastgeber gibt uns das Gefühl, Teil der Familie zu sein. Diese Form des Reisens ist in unseren Augen die ergiebigste, wenn man ein fremdes Land und seine Menschen wirklich erleben und verstehen lernen möchte.

Thys und Johann müssen zurück in die Stadt, und wir verabreden uns für den Abend in Ladysmith. Nachdem wir uns in unserem Zimmer ein wenig eingerichtet und uns umgezogen haben, fahren wir in die Stadt. Als wir gegen zehn zurückkommen, wird uns wieder bewußt, was uns die strahlende Sonne am Tag und die angenehm milden Temperaturen manchmal noch hatten vergessen lassen – daß nämlich der Frühling erst vor der Tür steht und daß wir uns tausend Meter über dem Meeresspiegel befinden. Mit Einbruch der Dunkelheit ist es bitterkalt geworden – auch im Haus, denn eine Heizung gibt es hier nicht, auch nicht in den Häusern von gutverdienenden Geschäftsleuten wie Thys und Johann, weil es sich für die wenigen wirklich kalten Winterwochen einfach nicht lohnt. Dann behilft man sich mit warmer Kleidung und einem heißen Tee.

Tee gibt es im Haus von Margaret und Doug zu allen Tageszeiten. Morgens noch vor dem Aufstehen wird er uns ans Bett gebracht, und natürlich auch abends vor dem Zubettgehen. Wir sitzen im Kaminzimmer und unterhalten uns noch eine Weile über Politik. Diese langen abendlichen Unterhaltungen, die uns einander noch näherbringen, sollten zu einer angenehmen Gewohnheit werden.

Die Tage in Ladysmith verbringen wir mit Elizabeth Spiret, Assistentin der Kuratorin des *Siege Museums*. Sie ist eine wahre Enzyklopädie, wenn es um die Geschichte von Ladysmith und insbesondere um die berühmten 120 Hochsommertage der Belagerung geht. Es sind sehr anstrengende Tage, in denen wir mit ihr auch all die historischen Orte in der Umgebung aufsuchen, wie das *Burgher Memorial* auf dem Platrand sowie Gun Hill, Pepworth Hill, Lombardskop und Umbulwane, die während des Burenkrieges eine entscheidende Rolle gespielt haben.

Es sind höchst interessante Stunden, die wir im Museum oder anderswo in Gesellschaft von Elizabeth Spiret verbringen. Doch Detailinformationen in dieser komprimierten Form Stunde für Stunde, Tag für Tag aufnehmen zu müssen, ist sehr erschöpfend. Und deshalb sind wir immer wieder froh, wenn wir Ladysmith hinter uns lassen können und zehn Minuten später den schmalen Aloen-Weg zum Haus der McMasters hochfahren.

Zudem lerne ich von Doug eine Unmenge über den berühmtberüchtigten Krieg von 1879 zwischen den Briten und den Zulus unter der Führung des legendären Häuptlings Cetewayo sowie über den Burenkrieg von 1899–1902 – und zwar hauptsächlich in jenem quadratischen Bunker mit Schießscharten, bei dem es sich um den maßstabgetreuen Nachbau eines britischen »Armeeblockhauses« aus dem Burenkrieg handelt. Dieses erdgedeckte Blockhaus, das sich innen geräumiger erweist, als von außen vermutet, beherbergt das erst vor wenigen Wochen fertiggestellte private Zulu- und Anglo-Buren-Kriegsmuseum von Douglas McMaster.

Und was für eins! Seit achtzehn Jahren trägt Doug alles zusammen, was mit diesen beiden historischen Ereignissen zu tun hat. Die Unmenge von authentischem Material aufzählen zu wollen, würde zuviel Platz in Anspruch nehmen. Nur so viel sei zu seiner exquisiten Sammlung, die zudem noch absolut profihaft präsentiert wird, gesagt: Hier findet man vom alten Vorderlader über die legendären

Südafrikanische Landschaft bei Ladysmith. In der Nähe liegt der Besitz der McMasters.

Martini-Henry-Gewehre bis hin zur 15-Pfünder-Kanone jede Waffe, die auf britischer oder burischer Seite zum Einsatz gekommen ist. Aber die Schaukästen unter den vollgehängten Wänden enthalten auch kleine kuriose Details aus dem alltäglichen Leben der verfeindeten Buren und Briten. Und die von Kopf bis Fuß authentisch eingekleideten und ausgerüsteten Schaufensterpuppen, die britische Offiziere und Soldaten darstellen sowie eine typische Burenfamilie und burische Soldaten, sind wahre Glanzstücke der Ausstellung.

»Ich habe mich schon immer für diese bewegte Epoche interessiert«, erzählt er mir, als wir eines Abends wieder im Haus bei Tee und schottischer Dudelsackmusik über Gott und die Welt reden.

»Weil es ein Krieg war, den die Buren trotz ihrer zahlenmäßigen und kriegstechnischen Unterlegenheit möglicherweise hätten gewinnen können, wenn sie die Siege des ersten Kriegsjahres nur konsequenter genutzt und ihren individuellen Anspruch auf freie

Entscheidung für die Dauer dieses Konfliktes einmal hinter das gemeinsame Ziel zurückgesteckt hätten?« frage ich.

Er lacht. »Vielleicht. Schotten und Iren stehen nun mal nicht gerade auf freundlichem Fuß mit den Tommies. Wäre schon ganz schön gewesen, wenn die Buren sie zum Teufel gejagt hätten.«

»Was bist du denn nun – Schotte oder Südafrikaner?« will Helga halb scherzhaft, halb ernsthaft wissen.

»Ist doch klar – schottischer Südafrikaner«, lautet seine Antwort, und die Augen in dem von weißer Mähne eingefaßten Gesicht funkeln.

»Wann sind deine Vorfahren nach Südafrika gekommen?« bringe ich das Gespräch nun auf die Geschichte seiner Ahnen.

»Das war 1828«, sagt Doug und dreht die Platte des Dudelsackorchesters um. *Scotland the Brave* erklingt, gefolgt von *Earl of Mansfield* und *When the Battle is over.* »Meine Vorfahren kommen aus den Highlands, wo die Engländer wie die Barbaren gehaust haben. Die Clans waren aufgerieben und ihre Lebensgrundlage zerstört, und deshalb sind sie ausgewandert. Die erste Station der McMasters war Grahamstown unten in der Kapkolonie, wo mein Ururgroßvater im Grenzgebiet des Great Fish River eine Farm aufbaute. Doch er hatte kein Glück. In einem der Kaffern-Kriege, es war der fünfte oder der sechste, so genau weiß das keiner mehr, brannte die Farm nieder. Indessen war sein jüngster Sohn nach Ficksburg im Transvaal gezogen und teilte der Familie in einem begeisterten Bericht mit: ›Kommt alle hierher. Hier ist das gelobte Land! In Grahamstown vergeudet ihr bloß Eure Zeit.‹ Und so machte sich die Familie mit Sack und Pack auf den langen, beschwerlichen und nicht gerade ungefährlichen Weg nach Ficksburg. Doch dort angekommen, mußten sie feststellen, daß der junge Bursche mittlerweile weitergezogen war, weil ihn eine andere Gegend gelockt hatte. Und nun kam aus Ladysmith, Natal, ein Brief, dessen flammende Begeisterung erneut in der Aufforderung gipfelte: ›Ihr müßt unbedingt nach Ladysmith kommen. Hier ist alles noch viel besser. In Ficksburg vergeudet ihr bloß Eure Zeit.‹ Und da packten meine Vorfahren ihre Sachen erneut zusammen und folgten der Aufforderung. Als sie in Ladysmith eintrafen, war der McMaster junior schon wieder weg – und zwar hatte er sich in den Oranje Freistaat begeben. Doch als er sie jetzt dorthin zu locken suchte, da platzte meinen Vorfahren endgültig der Kragen, und sie entschieden: ›Zur Hölle mit ihm und seinen immer neuen Verheißungen! Jetzt bleiben wir hier. Endgültig!‹ Tja, und so ist es denn auch geschehen. Seit kurz nach der Jahrhundertwende ist Ladysmith die Heimat der McMasters.«

Margaret holt einen ganzen Packen Bilder, die Doug in voller Clanstracht und mit seinem Dudelsack zeigen. »Früher hat es sogar mal ein richtiges kleines Dudelsack-Orchester gegeben«, erzählt sie uns mit einem Anflug von Bedauern, weil es schon seit Jahren nicht mehr existiert.

Helga möchte gern, daß Doug uns etwas vorspielt. Auch ich bitte ihn darum.

Er jedoch winkt bescheiden ab. »Besser nicht. Ich habe schon lange nicht mehr gespielt. Die *pipes* sind sozusagen eingerostet.«

»Deshalb wird es höchste Zeit, daß du wieder zu üben beginnst«, sagt Margaret energisch. »Vergiß nicht, daß du nächsten Monat auf der Hochzeit in Dundee spielen mußt.«

Doug zieht eine Grimasse. »Erinnere mich doch nicht daran! Außerdem beginnt das große Heulen, und die Hunde gehen laufen, wenn ich Dudelsack spiele.«

Margaret lacht. »Ja, das stimmt, ist aber kein Grund, dich jetzt zu drücken. Also geh schon und laß dich nicht zehntausendmal bitten.«

»Also gut«, brummt Doug nach einigem Hin und Her und geht aus dem Zimmer.

Mir ist nicht wohl bei dem Gedanken, daß er sich von uns zum Spielen gedrängt fühlt. »Also, wenn ihm das unangenehm ist und er nur . . .«

»Ach was!« fällt Margaret mir vergnügt ins Wort. »Er tut nur so schüchtern. In Wirklichkeit liebt er es, euch etwas vorspielen zu können. Wenn es nach ihm ginge, würden wir bis morgen früh hier bei Dudelsackmusik sitzen und über Schottland und so reden. Ihr wißt ja gar nicht, wie sehr er diese Abende genießt.«

Doug bringt den Dudelsack herunter, ein kostbares Stück, das mit viel Liebe und handwerklicher Kunst gefertigt und mit schwarzem Ebenholz, Elfenbein und Silber verziert ist. Kordeln in Rot, Grün,

Douglas McMaster.
Obwohl seine Vorfahren schon 1828 nach Südafrika einwanderten, ist er ein waschechter Schotte geblieben.

Schwarz und Gelb verbinden die drei *pipes*, den Baß sowie den 1. und 2. Tenor, miteinander und baumeln auf den ledernen *windbag* herunter.

Mit großer Liebe zum Detail erklärt er uns die einzelnen Teile und ihre Funktion und wie ein Dudelsack gestimmt wird. Und kaum hat er den Luftbeutel aufgeblasen und das A auf der Melodiepfeife, dem *chanter*, gesetzt, da schrecken die vier Hunde, die bisher ruhig zu unseren Füßen und in zwei Sesseln gelegen haben, auf, und ein geradezu infernalisches Protestgeheul setzt ein. Als Doug nun *Flower of the Forest* anstimmt, ein sehr langsames und trauriges Lied, da stürzen die Hunde geschlossen aus dem Haus und setzen ihr Protestgebell noch eine Weile draußen auf dem Hof fort.

Was für eine Musik! Sie hat, gut gespielt wie von Doug, etwas Feierliches, Ergreifendes und melancholisch Trauriges an sich. Eine Musik, die zu Schottland mit seiner weiten offenen Landschaft mit ihren wilden Küsten, regenreichen Hochmooren, geheimnisvollen Lochs und Burgruinen auf zerklüfteten Felsen paßt.

Die Lieder wie *Scotland the Brave, Green Hills of Tyrol, Loch Monar, 79th Farewell to Gibraltar* und *Hearken my Love*, sie gehen uns durch Mark und Bein und verursachen mir eine Gänsehaut. Ich sehe weite, karge Landschaften vor meinem geistigen Auge, und spätestens in diesem Moment beschließe ich, in meinem Afrikaroman dem männlichen Helden eine schottische Abstammung zu geben – sowie die Liebe zur Dudelsackmusik. In gewisser Weise wird ein Teil der Auswanderergeschichte der McMasters in diesen Roman einfließen. Und ich weiß schon jetzt, daß ich mit diesen Bildern vor Augen und Dougs Geschichten im Ohr beim Schreiben gleich von Anfang an eine viel engere Beziehung zu meinem Romanhelden Hendrik McAllister haben werde, als wenn er gänzlich meiner Fiktion entsprungen wäre.

Es wird noch eine lange, wunderbare Nacht voll anregender Gespräche und Musik. Ja, und natürlich erklingt auch *Amazing Grace*, und ich wünschte, wir wären jetzt draußen im freien Buschland, wo in der Ferne die Klänge des Dudelsacks unter einem kalten, sternenklaren Himmel verklingen.

»Hier ist das Ende!«

Zwei Abende später wendet sich unser Gespräch, das lange um geschichtliche Themen kreiste, zwangsläufig von der Vergangenheit der Gegenwart zu – und der überaus ungewissen Zukunft.

Margaret und Doug sind die ersten Weißen, mit denen wir seit unserer Ankunft geredet haben, die nicht optimistisch sind, sondern sehr verunsichert. Sie zeigen eine Mischung aus Hilflosigkeit und ohnmächtigem Zorn.

»Dieses wunderschöne Land wird vor die Hunde gehen«, befürchtet Doug, und Margaret nickt zustimmend. »Wenn es nur darum ginge, daß wir Weißen uns mit den Schwarzen anständig arrangieren und ihnen in der Regierung das Sagen überlassen müßten, dann wäre alles in den Griff zu kriegen. Aber seit de Klerk den Reformprozeß eingeleitet hat und es keinen Zweifel mehr daran gibt, *daß* die Macht bald in schwarze Hände übergeht, hat das Blutvergießen doch erst richtig begonnen.«

»Du meinst, zwischen den einzelnen Stämmen?« werfe ich ein.

»Ja, blutige Stammesfehden wie in alten Zeiten! Der Haß von Hunderten von Jahren kocht wieder hoch. Von wegen Zivilisation!« schimpft Doug. »Ein Basuto ißt doch nicht mit einem Zulu an einem Tisch. Ihr könnt euch das in Europa ja gar nicht vorstellen. Wenn Zulus und Xhosas aufeinandertreffen, gibt es fast immer ein Blutbad. Und noch heute nehmen sie Rache für irgendeine idiotische Geschichte, die vor hundert oder zweihundert Jahren passiert ist. Es ist ein Witz zu glauben, daß jemand wie Nelson Mandela oder Inkatha-Chef Buthelezi dieses Land regieren und vor einem schwarzen Bürgerkrieg bewahren könnte – nicht etwa, weil die beiden nicht die Fähigkeiten für solch ein Regierungsamt besäßen, sondern weil die anderen Stämme das nicht hinnehmen würden.«

»Die einzelnen Stämme werden halt lernen müssen, mit den Regeln der Demokratie...«, beginne ich.

Doch Doug läßt mich erst gar nicht ausreden. »Spielregeln der Demokratie! Daß ich nicht lache! Ganz Afrika beweist doch, daß diese Träume nichts als Illusionen sind. Okay, es stimmt, daß in vielen ehemaligen Kolonien sich die Weißen auf Kosten der Schwarzen ein gutes Leben gemacht und ihnen viel Unrecht angetan haben. Aber was ist passiert, als die Weißen gegangen sind und die Schwarzen ihre volle Unabhängigkeit erlangt haben? Bürgerkriege, Stammesterror, Korruption und bitterste Armut sind die Folge gewesen. Aber dagegen wäre ja noch nicht einmal was zu sagen, wenn diese Staaten sich dann wenigstens nach fünf, zehn oder zumindest fünfzehn Jahren Lernprozeß auf eine auch nur annähernd demokratische Regierungsform eingependelt hätten. Doch wo ist so etwas passiert? Von wegen Lernprozeß! Die Schwarzen sind grausamer gegeneinander, als ihr es euch vorstellen könnt. Das Leben anderer Menschen gilt ihnen nichts. Absolut nichts.«

»Das ist wirklich sehr pauschal, Doug.«

Margaret schüttelt den Kopf. »Nein, er hat leider recht. Wenn Schwarze irgendwo einbrechen, dann töten sie zuerst einmal *alle* Bewohner des Hauses, auch Kinder und Frauen, und sehen sich erst dann nach Diebesbeute um. Das ist nur ein Beispiel. Ich könnte noch viele andere nennen.«

»Ihr aus Europa und die Amerikaner, ihr kommt uns immer mit dem erhobenen Zeigefinger und euren Überzeugungen, wie die Schwarzen sind«, fährt Doug grimmig fort. »Aber das sind alles die Salontheoretiker, die ihr Wissen nur aus den Medien haben oder dieses Land bestenfalls von einer kurzen Reise her kennen, hier aber nicht lange genug gelebt haben, um die Mentalität der Bewohner wirklich zu kennen – und die große Kluft zwischen ihrer eigenen idealistischen Fiktion und der Wirklichkeit. Der geradezu mörderische, unversöhnliche Haß zwischen den einzelnen schwarzen Stämmen läßt sich einfach nicht mit schönen Sonntagsreden aus dem sicheren europäischen oder amerikanischen Heim aus der Welt reden. Er ist da, und *wir* müssen damit leben. Und erzählt mir bloß nicht, wir würden hier ein verlogenes Bild von den Schwarzen zeichnen, und so etwas sei heutzutage nicht mehr möglich. Schaut doch nur einmal in eure Hinterhöfe! Das Sowjetreich bricht in Dutzende von Kleinstaaten auseinander, die einander nicht riechen können. Überall greifen die Leute zu den Waffen und fallen übereinander her! Und was ist denn in Jugoslawien los? Da morden und foltern Serben und Kroaten und Bosnier einander, Heckenschützen töten mit Mordlust Kinder und Frauen, und Gott weiß, was in den Konzentrationslagern geschieht! Und die Welt schaut hilflos zu und redet von möglichen Sanktionen. Welch eine Heuchelei! Und was ist bei euch in Deutschland los? Also erzählt mir nichts von Demokratie und dem edlen Schwarzen. Versteht mich nicht falsch: Ich sage nicht, daß wir Weißen den Stein der Weisen in uns tragen und besser als die Schwarzen sind. Das ist Mist. Ich sage nur, daß die Schwarzen einfach nicht dem Bild entsprechen, das sich viele, vor allem die Klugscheißer im Ausland, von ihnen machen. Ich weiß auch, daß es keinen anderen Weg gibt, als den Schwarzen die Macht zu übergeben. Aber es wird dann für alle ein böses Erwachen geben.«

Wir sind betroffen und müssen zugeben, daß es in den USA und in Deutschland vor dem Fernseher oder mit einer klugen politischen Tageszeitung in der Hand sehr viel einfacher ist, zu festen Ansichten über die Lage in Südafrika und die zu treffenden politisch-gesellschaftlichen Maßnahmen zu kommen, als wenn man sich zum wiederholten Mal im Land befindet und sich nach allen Seiten hin zu informieren versucht. Und je mehr man hört, sieht und erlebt, desto verwischter werden die eigenen ehemals klar abgegrenzten Freund- und Feindbilder, bis man sich letztlich in einer Grauzone der Ratlosigkeit befindet.

»Was werdet ihr tun, wenn es soweit ist?«

Doug lacht freudlos auf und zuckt die Achseln. »Was *können* wir denn schon groß tun? Die Weißen, die in früheren Jahrzehnten aus afrikanischen Kolonien vertrieben wurden, konnten in andere afrikanische Länder mit einer weißen Regierung gehen. Wer aus dem Kongo kam, fand etwa in Rhodesien eine neue Heimat. Und als Rhodesien nach zehnjährigem Buschkrieg schwarz und zu Zimbabwe wurde, da gab es für die Weißen ja immer noch ›Die Republik‹, wie Südafrika bei den Weißen heißt. Und hier haben sich die Weißen aus Angola, Mosambik, Rhodesien, dem Kongo und was weiß ich woher noch gesammelt. Aber damit ist das Ende der Fahnenstange erreicht. Noch weiter südlich geht es nicht mehr. Wir haben das Meer im Rücken. Wo sollten wir hin, wenn wir denn überhaupt weg wollten? Nein, hier ist das Ende – wie auch immer es aussehen mag.« Sein Gesicht ist düster.

»Es gibt unter den Buren eine Auswanderungsbewegung nach Südamerika«, wirft Margaret ein. »Man findet in den Zeitungen fast täglich entsprechende Inserate. Aber es ist doch nur eine kleine Zahl, die weggeht. Die Wirtschaft liegt am Boden, und wer sein Haus und Geschäft verkaufen will, muß lange nach einem Käufer suchen, der willens ist, auch nur die Hälfte von dem zu bezahlen, was es eigentlich wert ist.«

»Für uns kommt so etwas nicht in Frage«, erklärt Doug bestimmt.

»Ich bin Afrikaner wie der schwärzeste Zulu oder Xhosa, und ich bin stolz darauf. Meine Vorfahren sind vor über hundertsechzig Jahren in dieses Land gekommen, während Hunderttausende, ja Millionen von den Schwarzen in den Townships aus Botswana, Zimbabwe, Namibia, Angola und Mosambik – den doch so freien schwarzen Staaten! – nach Südafrika geflüchtet sind und hier erst seit ein paar Jahren oder meinetwegen Jahrzehnten leben! Weil es ihnen nämlich hier – sogar zur Zeit der Apartheid! – immer noch bedeutend besser geht als unter den schwarzen Führern der Staaten, aus denen sie geflüchtet sind. Und von denen soll ich mich verjagen und meinen Kindern ihre Heimat rauben lassen? Niemals! Ich bin nicht gefragt worden, wo ich geboren sein will. Ich bin Afrikaner, hier ist meine Heimat, hier bin ich aufgewachsen, hier habe ich meine Existenz aufgebaut und meine Kinder großgezogen. Deshalb werde ich alles tun, was nötig ist, um meine Rechte und meine Heimat zu verteidigen. Oder was würdest du an meiner Stelle tun?«

»Vermutlich dasselbe«, gebe ich zu und fühle mich sehr unbehaglich.

»Ich suche nicht die Gewalt, wahrlich nicht. Ich empfinde auch diese rechtsextreme Burenbewegung, die immer noch an die gottgewollte Überlegenheit und Vorherrschaft der Weißen über die Schwarzen glaubt, als abstoßend und eine Schande für unser Land – so wie ihr Deutschen vermutlich die Neonazis, die Asylantenheime in Brand stecken«, sagt er zum Abschluß. »Und wenn das Wunder doch geschehen sollte, nämlich daß die Zulus und die Xhosas sich irgendwie über die Machtverteilung einigen, dann soll es mir recht sein, wenn in Pretoria Mandela mit seinen Kommunisten und Buthelezi das Land regieren. Doch sollte es keine Einigung geben, und das befürchte ich, dann wird es hier das größte Blutbad geben, das Afrika je gesehen hat. Dagegen wird der Krieg in Jugoslawien wie ein kleines, häßliches Scharmützel aussehen.« Er macht eine Pause, und sein dunkler Blick scheint jenseits dieses Raumes Bilder zu sehen, die in Blut getaucht sind. »Das wäre das Ende«, wiederholt er seine Feststellung von vorhin noch einmal.

Jedes Ende beinhaltet auch einen Anfang, bin ich versucht, ihm zu antworten, doch irgendwie kommt mir das in diesem Moment unpassend vor. Wir haben unsere Rückflugtickets in der Tasche und jeweils ein sicheres Zuhause in Deutschland und in Florida. Da läßt es sich leicht davon reden, daß auch das Chaos seine Ordnung hat und ein Ende immer in einen Neubeginn übergeht. Es fragt sich doch, ob man diesen Neubeginn noch erlebt und in welcher Situation.

Sehr nachdenklich begeben wir uns zu Bett, das Margaret mit Wärmflaschen, die in bestickten Taschen stecken, schon herrlich vorgewärmt hat. Das Gespräch verfolgt uns in unsere Träume, und wir verbringen eine unruhige Nacht.

Am nächsten Morgen weckt uns das Gezwitscher der Vögel in den Bäumen. Margaret bringt uns wie immer den Morgentee ans Bett. Diese Annehmlichkeit, die wir so sehr genießen, erfüllt mich jedoch auch mit merkwürdig konfusen Schuldgefühlen. Als wir später beim Frühstück sitzen, kommt Doug aus der Werkstatt herüber und setzt sich kurz zu uns. Er ist so fröhlich und humorvoll, als hätte es letzte Nacht diese erregte und zugleich deprimierende Diskussion nicht gegeben.

»Ein guter Tag, um einen Abstecher nach Rorke's Drift und Bloodriver zu machen«, schlägt Doug vor, dessen Interesse für Geschichte so stark ausgeprägt ist wie seine Sammelleidenschaft.

Und so begeben wir uns nach dem Frühstück nach Rorke's Drift und zum Bloodriver, Orte von größter historischer Bedeutung für die Weißen Südafrikas. Eine Bedeutung, die bis in die heutige Zeit zu spüren ist. Das trifft insbesondere auf Bloodriver und die Buren zu, für die das, was 1838 dort geschah, ein Zeichen göttlicher Vorsehung war.

Des Menschen Sehnsucht nach göttlichen Zeichen

Sie hatten die Nase voll, die Buren. Endgültig. Von den Briten war weder Gerechtigkeit noch Schutz zu erwarten. Sie hatten ihnen jede Form der Selbstverwaltung verwehrt, ihnen eine fremde Sprache in ihrem eigenen Land aufgezwungen und ihnen auch wirtschaftlich schweren Schaden zugefügt, als sie ihnen 1834 auf Betreiben der Philanthropen in England per Dekret die Sklaven nahmen, die sie ihnen einst selbst verkauft hatten. Und statt der versprochenen Entschädigung in Höhe von 2 Millionen Pfund wurden sie mit weniger als der Hälfte abgespeist. Vorher aber mußten sie erst noch für jeden Antrag auf Entschädigung 5 Shilling bezahlen, was dem Wochenlohn eines Arbeiters in Glasgow entsprach. Zudem wurde diese Entschädigung nur in Staatspapieren ausgezahlt, die einzig in England eingelöst werden konnten. Doch wer konnte es sich zeitlich und/oder finanziell schon erlauben, der Kolonie für ein Jahr den Rücken zu kehren und sich auf die lange Seereise zu begeben? So machten clevere britische Agenten das Geschäft ihres Lebens, indem sie die Papiere für die Hälfte ihres Wertes und weniger aufkauften, um dann in London einen immensen Profit einzustreichen. Was bei den Buren jedoch das Faß zum Überlaufen brachte, war die Tatsache, daß die britische Regierung in Kapstadt und das Kolonialamt in London es nicht für nötig erachteten, den Burenfarmern im östlichen Grenzgebiet am Great Fish River ausreichenden Schutz vor den Xhosas zu gewähren, die immer wieder plündernd und marodierend über ihre Farmen herfielen. Es kam so oft zu Kriegen mit den Eingeborenen, die Kaffern genannt wurden, daß man die Kriege numerierte, um den Überblick nicht zu verlieren.

Die Buren beschlossen deshalb, sich der britischen Verwaltung zu entziehen und irgendwo jenseits der bekannten Grenzen eine neue Heimat zu suchen, wo sie sich selbst regieren konnten. Nach Jahren geheimer Treffen und endloser Diskussionen begann das, was in die Geschichte Südafrikas als »Der Große Treck« eingehen sollte, ein einschneidendes geschichtliches Ereignis, das von ebenso großer Ignoranz gegenüber den Rechten und der Stellung der Schwarzen in Gottes Weltenplan gekennzeichnet war wie von bewundernswerter Ausdauer, Heldenmut und Leiden der Auswanderer.

Gut 6000 Buren machten sich als *Voortrekker* in den 30er und 40er Jahren des letzten Jahrhunderts auf den mühseligen und gefährlichen Weg in ein unbekanntes Land. Einen dieser legendären

Trecks leitete Andries W. J. Pretorius, ein Farmer aus dem Graaff-Reinet-Distrikt, zu einer Zeit, als die Voortrekker in Natal bei Kämpfen mit den Zulus schwere Niederlagen hinnehmen mußten.

Am Sonntag, dem 16. Dezember 1838, stellte sich Pretorius mit seinem Treck aus 64 Ochsenwagen und einer 464köpfigen Mannschaft, die 900 Ochsen und 500 Pferde mit sich führte, Häuptling Dingaans Zulu-Regimentern, *impis* genannt, am Buffalo River bei N'Gome. Die Wagen wurden zu einer Wagenburg zusammengestellt und die Zwischenräume zwischen den einzelnen Wagen sowie zwischen den Rädern durch sogenannte »Gefechtsgitter« geschlossen. Ochsen, Pferde und anderes Vieh wurden im inneren Kreis angebunden.

Pretorius und seine Leute hatten schon seit Tagen Sichtkontakt mit den Zulu-Impis gehabt. Sie wußten, daß der Kampf nicht abzuwenden war, und sie waren bereit.

Pretorius weckte seine Leute zwei Stunden vor Anbruch des Tages. Noch hing feuchter Dunst über dem Lager, und die Angst war groß, daß es unmöglich sein würde, das Pulver trocken zu halten. Und feuchtes Pulver im Angesicht von fast 13 000 vorbildlich ausgebildeten und kampferprobten Zulukriegern bedeutete den sicheren Tod.

Doch beim ersten Licht des Sonntagmorgens begann sich der Dunst aufzulösen. Ein klarer, sonniger und damit trockener Tag zog herauf, und Pretorius ließ nach einem letzten Gebet und Gelübde das Feuer auf die Zulu-Armee unter dem Kommando von Dambuza und Umhlela eröffnen, die die Wagenburg mittlerweile umzingelt hatten. Immer und immer wieder griffen die Zulus an. Wellen aus Menschenleibern brandeten gegen das Lager der Buren, und ein Meer von Lanzen blitzte im grellen Sonnenlicht, doch es gelang ihnen nicht, die Barrieren aus Ochsenwagen und Gittern zu überwinden. Im konzentrierten Feuer der burischen Vorderlader und der drei kleinen mitgeführten Kanonen verwandelte sich jeder Angriff in ein Blutbad ohne Raumgewinn. Nach mehreren Stunden konnte Pretorius sogar zum Gegenangriff übergehen. Er schickte 150 Mann hinaus, die einen Teil der Armee zwischen Lager, Fluß und einer *donga*, einer Erdspalte, umzingelte. Hier wurden die Zulus zurückgetrieben, bis sich das Wasser des Buffalo River von all dem Blut rot färbte.

Als die geschlagenen *impis* die Flucht antraten, bedeckten die Leichen von über 3 000 Zulus den Boden rund um die Wagenburg. Die Niederlage am Buffalo River, der nach der blutigen Schlacht den Namen Bloodriver erhielt, leitete Dingaans Niedergang ein, und die Voortrekker sahen in ihrem Sieg an diesem klaren, sonnigen Sonntagmorgen ein göttliches Zeichen. Denn einige Tage vor der Schlacht hatten sie das feierliche Gelübde abgelegt, daß sie zu Ehren Gottes eine Kirche bauen und für immer des Tages gedenken wollten, wenn der Allmächtige ihnen den Sieg in dieser alles entscheidenden Schlacht (und der größten, die je zwischen Schwarzen und Weißen in Südafrika ausgetragen wurde) schenkte. Gelübde und Sieg beseelten und bestärkten die Buren in ihrem festen Glauben, daß christliche Weiße und heidnische Schwarze niemals auf einer Stufe stehen konnten und daß diese Unterschiede gottgewollt und schon in der Bibel festgeschrieben seien. Ein blinder Glaube, der sich bei einer Minderheit der Buren bis zum heutigen Tag erhalten hat.

Die Fahrt zum Bloodriver Monument über die Provinzlandstraßen R 602 nach Dundee und von dort auf der R 33 ist schon ein Erlebnis für sich. Einmal mehr sind wir von den scheinbar grenzenlosen Ebenen begeistert, die sich vor uns erstrecken und in den weiten Himmel übergehen. An dieser majestätischen Leere des Raumes können wir uns nicht satt sehen.

»Was müssen wohl die Voortrekker empfunden und gedacht haben angesichts dieser grandiosen Landschaft«, sinniert Helga. »Kein Wunder, daß es ihnen wie das Land ihrer Verheißung vorgekommen ist.«

»Die Zulus haben aber aus mehr als einem Treck eine Reise ohne Wiederkehr gemacht«, erwiderte ich und komme nicht umhin, den unglaublichen Mut und unbeugsamen Willen dieser Menschen zu bewundern. Allein schon die schroffen Bergketten der Drakensberge mit den klobigen, sechzehnspännigen Ochsenwagen zu überqueren, war eine Heldentat und Pionierleistung von für uns fast nicht nachzuvollziehendem Ausmaß.

Wir gelangen nach gut einer Stunde Fahrt ins Biggarsberg-Tal und damit nach Dundee, einer netten Kleinstadt, deren Gründer ein Schotte aus der Nähe von Dundee in Schottland war. Anderthalb Kilometer außerhalb der Stadt und genau an der Stelle, wo im Anglo-Buren-Krieg von 1899–1902 die erste Schlacht stattfand, befindet sich das exzellente *Talana Museum*, dem wir einen Besuch abstatten.

Etwa 30 Kilometer nordöstlich von Dundee erreichen wir die Abzweigung nach Bloodriver. Der Weg, der vor uns liegt, ist eine *dirt road*, also ohne Asphaltdecke, unbefestigt und so wellig wie eine kabbelige See. Bis zum Monument sind es noch fünfzehn Kilometer. Weit und breit ist kein anderer Wagen zu sehen.

»Wir haben zwei Möglichkeiten«, sage ich zu Helga. »Entweder fahren wir ganz langsam über die steinige Rüttelpiste – oder ganz schnell. Dazwischen gibt es nichts, es sei denn, du bist wild darauf, dich durchschütteln zu lassen, bis du jeden Knochen einzeln spürst.«

Helga wirft mir einen spöttischen Blick zu. »Ich denke, du hast deine Entscheidung längst getroffen. Also fahr schon los.«

Ich lege den Gang ein und beschleunige. Als die Tachonadel die 100 km/h-Marke erreicht hat, fliegt der Wagen schnell genug über die Bodenwellen hinweg. Räder und Stoßdämpfer haben keine Zeit mehr, auf die Unebenheiten individuell zu reagieren. Bei diesem Tempo scheinen sich die Wellen der Piste in ein glattes Brett zu verwandeln.

Ich muß jedoch höllisch aufpassen, den leicht abfallenden Rändern nicht zu nahe zu kommen. In manchen Kurven verwandeln sich Sand und Schotter in eine Rutschbahn, die mich unbedingt von der Straße in den Graben tragen will.

»Training für die Wüstenpisten später in Botswana«, rufe ich Helga nach einer heftigen Schlingerpartie zu, als sie dafür plädiert, doch besser Schrittempo zu fahren.

Ich muß zugeben, daß es Spaß macht, den Wagen bei dem Tempo auf solch einer Piste unter Kontrolle zu halten und reaktionsschnell auf dicke Steinbrocken, die plötzlich mitten auf der Straße liegen, oder achsenbruchverdächtige Schlaglöcher zu reagieren. Es ist ein Test des eigenen, bescheidenen Könnens, auf den ich mich auch nur

Das Bloodriver-Denkmal erinnert an die blutige Schlacht im Zulu-Krieg, bei der sich die Voortrekker gegen eine Übermacht von 13 000 Zulus behaupten konnten.

deshalb einlasse, weil wir wirklich allein auf weiter Flur und alle Kurven weithin einsehbar und überschaubar sind.

Wir atmen jedoch beide erleichtert auf, als wir endlich am Ziel sind. Das große steinerne Monument, ein stilisierter Ochsenwagen, ragt aus dem Grasland empor. Einige hundert Meter weiter befindet sich Pretorius' Wagenburg am Ufer des Bloodriver, der zur Zeit wenig Wasser führt. Die Wagen sind aus Bronze gegossen und geben einen ausgezeichneten Eindruck von dem Lager der Voortrekker.

Wir stellen uns vor, was die Buren wohl in den Nachtstunden vor der Schlacht empfunden haben mochten, als sie mit ihren Vorderladern zwischen den Wagen lagen, inmitten dieser riesigen Grasebene, umzingelt von fast 13 000 Zulukriegern, deren Schilde am Morgen wie eine gewaltige Wand ausgesehen haben mußten, gekrönt von einer Palisade funkelnder Assagais und Lanzenspitzen.

Was für Mut *und* Gottvertrauen dazugehören mußten, hier die Entscheidung zu suchen!

Ohne viel zu sagen, gehen wir umher und lassen den Ort, der sich mit unseren Gedanken an jene Zeit vor über hundertfünfzig Jahren verbindet, auf uns wirken. Wir sind froh, daß wir hier ganz allein sind.

Nach einer Viertelstunde bekommen wir Gesellschaft von einem burischen Ehepaar, wie sich herausstellt. Der Mann, ein Cornelius van Soundso, ist Anfang Vierzig, und wir kommen zwangsläufig ins Gespräch.

»Bloodriver war und ist ein göttliches Zeichen!« verkündet er stolz. »Hier haben wir es den Schwarzen ein für allemal gezeigt!«

Unangenehm berührt, will ich wissen, was er denn mit »es« meine, und wir bekommen Rassismus pur zu hören. Dieser Mann arbeitet in einem modernen Industriestaat, doch was seinen gesellschaftlichen Horizont und seine Wertbegriffe betrifft, unterscheidet ihn nichts von den Überzeugungen und dem überheblichen Selbstverständnis der Voortrekker.

Er schimpft auf de Klerk. »Er ist ein verdammter Verräter und verkauft unser Land an die Schwarzen. Jeder, der sich mit einem Terroristen wie Mandela an einen Tisch setzt, ist ein Landesverräter. Er gehört aufgehängt. Aber wir werden nicht zulassen, daß dieses Terroristenpack vom ANC und die Kommunisten unser Land ruinieren und zu einer korrupten schwarzen Bananenrepublik machen.«

»Ich glaube nicht, daß der Reformprozeß noch einmal aufzuhalten ist«, entgegne ich, obwohl mir klar ist, daß mit diesem Fanatiker, der seinen Ansichten nach gut der verbotenen rechtsextremen »Weißen Befreiungsbewegung« angehören könnte, jede Diskussion von vornherein fruchtlos ist.

Er wischt meinen Einwurf mit einer ärgerlichen Handbewegung beiseite. »Die Schwarzen werden uns nicht nehmen, was wir in harter Arbeit aufgebaut haben. Wir Weißen werden diesen Ausverkauf nicht zulassen. Schon damals«, er weist auf die bronzenen Ochsenwagen um uns herum, »waren wir den Zulus um ein Vielfaches unterlegen, und doch hat Pretorius mit nur 464 Mann ein Heer von 13 000 schwarzen Kriegern besiegt und in die Flucht geschlagen. Wir werden sie auch diesmal blutig schlagen und ihnen zeigen, wessen Land das ist!«

Wir ziehen es vor, das Gespräch abzubrechen, und verlassen diesen Ort mit sehr gemischten Gefühlen. Pretorius und seine burischen Zeitgenossen kann man bewundern, auch wenn sie die Schwarzen für – angeblich von Gott gewollt – minderwertig hielten. Für ihr Denken, Fühlen und Glauben kann man Verständnis aufbringen, wenn man sich vor Augen hält, in welcher Zeit sie gelebt haben und welches Gedankengut jene Epoche allgemein geprägt hat: In Europa waren damals grausame Fürstenwillkür und die Leibeigenschaft, eine andere Form der Sklaverei, noch gang und gäbe. In England wurden Kinder an Bergwerksbesitzer und Mädchen in Bordelle verkauft und für bessere Lebensbedingungen demonstrierende Arbeiter brutal zusammengeschossen. Und in den USA, dem so gelobten Land der Freiheit, war Sklaverei ein mehrheitlich immer noch akzeptierter Garant für die blühende Baumwollindustrie im Süden, und es dachte sich auch niemand etwas dabei, die Eingeborenen dort, die Indianer, zu Hunderttausenden niederzumetzeln, wenn sie den Interessen der Siedler und Eisenbahnbauer im Weg standen. Soviel zum allgemeinen Menschenrechtsverständnis jener Zeit.

Nein, Männern wie Pretorius, auch wenn sie den Irrtümern und dem Irrglauben ihrer Zeit verfallen waren, können wir Respekt entgegenbringen. Leute wie Cornelius jedoch, die ihr Selbstverständnis durch die angebliche Minderwertigkeit anderer definieren, müssen einfach Kopfschütteln hervorrufen. Gottlob, daß sich die Zeiten geändert haben und die Weißen à la Cornelius in Südafrika eine kleine Minderheit geworden sind. Welchen Schaden sie dem Reformprozeß noch zufügen können, wage ich jedoch nicht zu beurteilen.

Rorke's Drift, das ebenfalls nur über eine lange Schotterpiste zu erreichen ist und am Fuße der Shiyane-Hügel liegt, erreichen wir eine Stunde später. Im Zulu-Krieg von 1879 wurde die ehemalige Missionsstation von den britischen Truppen als Stützpunkt mit einem kleinen Hospital genutzt. Als die Briten in der Schlacht bei

Isandlwana eine vernichtende Niederlage erlitten, gelang es einer Handvoll Überlebender, zur nur wenige Kilometer entfernten Station Rorke's Drift zu fliehen. Hier kam es am frühen Nachmittag des 22. Januar 1879 zu einem erbitterten Gefecht zwischen 5 000–6 000 Zulukriegern und 139 britischen Soldaten, von denen 35 Patienten waren, die sich hinter Kisten und Maissäcken verschanzt hatten.

Wie bei der Schlacht am Bloodriver, so griffen die Zulus auch hier immer wieder an. Nach zähem Kampf mußten die Briten das Hospital räumen. Es ging in Flammen auf. Die Kämpfe flauten auch während der ganzen Nacht nicht ab. Mehrmals gelang es Gruppen von Zulus, den immer enger werdenden primitiven Verteidigungsring der Soldaten zu überwinden, doch diese schlugen die Angreifer jedesmal im Kampf Mann gegen Mann zurück.

Gegen vier Uhr morgens brachen die Zulus, völlig entkräftet und am ungebrochenen Mut der Verteidiger schier verzweifelnd, den Angriff nach schweren Verlusten ab und zogen sich zurück. Auf britischer Seite gab es 17 Tote und nicht einen, der bei den Kämpfen nicht verletzt worden wäre. Elf Soldaten wurden später wegen besonderer Tapferkeit mit dem Viktoriakreuz ausgezeichnet. Das waren mehr als in jeder anderen Schlacht der britischen Geschichte.

Wir verbringen eine Weile in dem kleinen, aber sehr anschaulichen Museum und fragen uns, was wohl die Schwarzen denken, die auf dem Gelände und drüben in der kunstgewerblichen Werkstatt arbeiten.

»Sie sind keine Zulus«, klärt uns Graeme Smythe auf, ein junger weißer Museumsangestellter. »Und sie hassen die Zulus mehr als früher die britischen Soldaten. Sie arbeiten gern hier.«

Die Abenddämmerung legt einen weichen, bläulichvioletten Schimmer über die Bergzüge. Es wird Zeit, daß wir uns auf den Heimweg machen. Es war ein langer, erlebnisreicher Tag, doch jetzt freuen wir uns auf den Tee mit Margaret und Doug. Es ist unser letzter Abend mit ihnen. Morgen müssen wir weiter.

Grahamstown

Die Lage war brisant, um nicht zu sagen explosiv. Besonders in den Midlands von England. Die schlechte Ernte von 1818 sowie das Überangebot auf dem Textilmarkt hatten dazu geführt, daß große Teile der Arbeiterklasse in Existenznot gerieten. Hatte fünfzehn Jahre zuvor ein Handweber in Glasgow noch 25 Shilling die Woche verdient, so fiel sein Einkommen durch die Demobilisierung der Armee nach dem Ende der Napoleonischen Kriege auf 10 Shilling die Woche, da nun plötzlich bedeutend mehr Menschen auf den Arbeitsmarkt drängten, während der Bedarf an Textilwaren zur selben Zeit drastisch sank. Es mußten keine Armeen mehr eingekleidet werden. Der Weber reagierte auf diese Veränderung damit, daß er nun vierzehn Stunden am Tag arbeitete, ohne zu erkennen, daß er selber damit dazu beitrug, den Wert seiner Arbeit herabzudrücken. Dies sowie eine Flut billiger Importe führte dazu, daß er im Winter 1818/19 Tag und Nacht schuftete und doch nur noch 5 Shilling die Woche nach Hause brachte, was zum Leben zuwenig und zum Sterben zuviel war.

Kein Wunder, daß die Reformbewegung, die mehr Rechte für die Arbeiterklasse forderte, bei diesen ausgebeuteten Arbeitern und dem immer größer werdenden Heer der Arbeitslosen mehr und mehr Unterstützung fand. Zu den Versammlungen der Reformer erschienen Zehntausende Unzufriedene und Hoffnungslose, die immer empfänglicher für revolutionäre Parolen wurden, und je kritischer die Atmosphäre wurde, desto brutaler reagierte die Obrigkeit. Das »Massaker von Peterloo«, wo Soldaten eine Versammlung mit Gewalt auseinandertrieben und dabei ein Blutbad anrichteten, drohte einen Volksaufstand aufzulösen.

Da kam einem hohen Regierungsbeamten in London die glorreiche Idee: »Laßt uns einem Großteil der Arbeitslosen, die den Armenküchen und -häusern der Gemeinde ja doch nur auf der Tasche liegen, die Auswanderung in unsere Kolonie am Kap schmackhaft machen. Damit können wir die brisante politische Situation entspannen und gleichzeitig die Besiedlung unserer afrikanischen Kolonie vorantreiben.«

Diese Idee fand allgemeine Zustimmung, und so wurde am 12. Juli, dem letzten Sitzungstag des Parlamentes, in aller Hast beschlossen, jene verzweifelten Arbeiter mit ihren Familien zur Emigration nach Südafrika zu ermutigen. Um die potentiellen Unruhestifter auch rasch auf die Schiffe und außer Landes zu bekommen, stellte die Regierung 50 000 Pfund für diese Aktion zur Verfügung.

In der Presse wurde Südafrika als ein Land geschildert, in dem Milch und Honig flossen und wo die Erde so fruchtbar war, daß Felder und Äcker mehrmals im Jahr reiche Ernte brachten. Die Propaganda hatte Erfolg. Mehr als 80 000 sahen für sich und ihre Familien in ihrer Heimat keine Hoffnung mehr und wollten auswandern.

Diejenigen, die das zweifelhafte Glück hatten, zu den sogenannten »Albany-Siedlern von 1820« zu gehören, hatten jedoch nicht die freie Wahl, wo sie sich in der Kapkolonie ansiedeln wollten. Ihnen wurde Land in der Provinz Albany, bei Grahamstown im östlichen Grenzgebiet, zugeteilt.

Zuurveld hieß der Landstrich, wohin man sie nach der viermonatigen Schiffspassage und der Ankunft in Algoa Bay (heute Port Elizabeth) mit Ochsenkarren brachte und wo man ihnen ihre 100-Acres-Parzellen (1 Acres 4 000 Quadratmeter) zuwies.

Das wellige, waldreiche Land und das milde Klima gefielen den Emigranten, doch die Begeisterung hielt nicht lange an. Denn sie lernten schnell, was *Zuurveld* übersetzt hieß, nämlich *saure Felder*, und daß es schon einen Grund hatte, warum die Buren-Farmer jeweils mindestens 6 000 Acres Land besaßen – denn alle Farmen, die in ihrer Ausdehnung darunter lagen, konnten keine Familie ernähren – und warum sie vorzugsweise Viehzucht betrieben.

Das verheißene Land entpuppte sich schnell als ein Land der Prüfungen. Der Getreiderost befiel 1820 bis 1825 jedes Jahr die Felder und vernichtete die Ernten. 1822 und 1823 gingen zudem schwere Stürme über die Kolonie hinweg, und als wäre das noch nicht genug, begann 1825 eine schwere Trockenheit die Kolonie heimzusuchen.

Und dann die Xhosas!

Zu spät erkannten die Siedler, daß ihre Ansiedlung hier im Land am Great Fish River auch unter skrupellos strategischen Gesichtspunkten erfolgt war und sie in diesem relativ spärlich besiedelten Gebiet an der Grenze zu den sogenannten Kaffern, den Xhosas, mit ihren Familien eine Pufferzone bilden sollten. Das ersparte der Regierung die kostspielige Stationierung von allzu starken Truppenverbänden.

Mit den Emigranten, die man im *Zuurveld* ansiedelte, hatte man sozusagen zwei Fliegen mit einer Klappe geschlagen: Sie trugen mit ihrer Auswanderung nicht unbeträchtlich zur Beruhigung der brisanten politischen Heimatfront bei und halfen nun dabei, ohne eine andere Wahl zu haben, die instabile östliche Grenzfront der Kapkolonie zu sichern – mit ihrem Leben und dem ihrer Frauen und Kinder!

Ein wahres machtpolitisches Kabinettstück! Ausgetragen wie üblich auf dem Rücken der einfachen Leute.

Eigentlich wollten wir ja über Durban, das schon wegen seiner schönen Strände einen Abstecher lohnt, wenn man sich in dieser Gegend befindet, und dann über die Küstenstraße nach Grahamstown. Doch Margaret und Doug raten uns ab, diese Strecke zu nehmen.

»Die Transkei würde ich an eurer Stelle meiden«, legt uns Doug besorgt nahe. »Das ist Xhosa-Land, und das ist fest in der Hand des ANC.«

»Ich habe damit keine Probleme«, erwidere ich, »obwohl ich es für einen großen Fehler der ANC-Führung halte, sich mit den Kommunisten zusammenzuschließen.«

»Aber die Schwarzen haben dort im Augenblick Probleme mit jedem, der nicht zu ihnen gehört, ganz egal ob schwarz oder weiß«, erklärt Doug. »Gut möglich, daß ihr durch die Transkei kommt, ohne daß man euren Wagen mit Steinen bewirft. Aber es ist ebensogut möglich, daß sie euch einen Molotowcocktail vor die Windschutzscheibe schmeißen, einfach nur so. Die Burschen sind zur Zeit schnell mit so etwas bei der Hand, und daß man ein Weißer ist, spielt dabei keine Rolle. Die Gewalt gegen jeden, der sich nicht zum ANC bekennt, liegt einfach in der Luft.«

Da Doug und Margaret nicht die ersten sind, die uns bei Gesprächen über unsere weitere Reiseroute in den letzten Tagen von einer Durchquerung der Transkei dringend abgeraten haben, beschließen wir, den Rat zu befolgen und sicherheitshalber einen großen Bogen um dieses Homeland zu schlagen – und zwar durch die Drakensberge nach Bloemfontein und von dort durch die Ciskei nach Grahamstown. Da wir in Ladysmith sozusagen in der Sackgasse sitzen, verzichten wir auch auf den Abstecher nach Durban, da wir sonst den ganzen Weg zur Küste zurückfahren müßten.

Doug schenkt uns zum Abschied eine Kassette, auf der er die schönsten Dudelsackmusikstücke aus seiner reichhaltigen Schallplattensammlung für uns aufgenommen hat. »Damit ihr unterwegs auch ordentlich Musik hören könnt!«

Der Abschied fällt uns schon ein wenig schwer, doch der Himmel ist strahlend blau, und die afrikanische Landschaft mit ihrer grandiosen Vielfalt ist eine ständige Verlockung, der wir gerne nachgeben. Noch einmal überqueren wir den Van-Reenen-Paß. Hinter Harrismith wenden wir uns nach Westen. Die Rooiberge zeichnen sich schon am Horizont ab, als wir bei Phuthadijhaba, 50 Kilometer hinter Harrismith, die asphaltierte Landstraße verlassen und über eine Sandpiste ins Zentrum des *Golden Gate Highlands National Park* vorzudringen versuchen. Doch schon nach wenigen Kilometern stoßen wir auf eine Sperre und Schilder, die verkünden, daß dieser Zufahrtsweg gesperrt ist. Uns reizt das Abenteuer, es dennoch zu versuchen, und wir wagen uns weiter vor, müssen aber bald feststellen, daß es zu riskant ist, die Fahrt fortzusetzen. Um diese Piste bewältigen zu können, bräuchten wir einen Landrover oder ein anderes Gefährt mit Allradantrieb.

Sosehr wir auch Lust dazu hätten – weiterzufahren wäre unvernünftig, zumal wir in diesem Teil der Bergwelt völlig allein zu sein scheinen.

»Wenn wir hier Bruch machen oder uns nur die Ölwanne aufreißen, können wir vielleicht Tage warten, bis ein Ranger oder sonstwer vorbeikommt, um uns aus der Bredouille zu helfen«, meint Helga, die sonst genau wie ich der abenteuerlichen Route stets den Vorzug gibt, und so kehren wir voller Bedauern um,

fahren auf der Landstraße bis nach Kestell und wählen von dort die
»offene Route« in die Golden Gate Highlands.

Die Strecke, die durch eine urtümliche und wieder einmal atem-
beraubend majestätische Landschaft aus schroffen Bergen und weiten Tälern mit ihrem Meer von rot leuchtendem und sandfarbe-
nem Gras zum Golden Gate führt, ist fahrerisch zwar kein Abenteuer, aber auch nicht gerade das reinste Vergnügen. Gut fünfzig
Kilometer *dirt road* winden sich durch die Bergwelt.

»Die reinste Panzerteststrecke!« urteilt Helga sehr zutreffend,
als unser japanischer Mietwagen, so zuverlässig er sonst auch ist,
uns akustisch daran erinnert, daß er nicht aus einem Guß, sondern
aus vielen einzelnen Teilen zusammengesetzt ist. Und diese Teile
antworten auf die Schlaglöcher, Bodenwellen und Rillen mit lautem Geklapper.

Das Panorama und die immer neuen fantastischen Ausblicke, für
die wir immer neue Superlative suchen, bis wir es aufgeben und
uns mit *Ohs!* und *Ahs!* und *Mein Gott, schau doch mal da!* begnügen, entschädigen uns jedoch für das heftige Gerüttel und Gerap-
pel!

Ein gewaltiges Feuer muß vor nicht allzulanger Zeit im Park
gewütet haben, denn zahlreiche Täler und Berge, die fast 3 000 m
in den Himmel ragen, tragen noch deutlich sichtbar das schwarze
Brandzeichen, als wir uns dem Zentrum nähern. Aber die weiten,
schwarzen Flecken abgebrannten Landes beeinträchtigen nicht die
Großartigkeit dieser Landschaft.

Bei Glen Reenen haben wir schließlich wieder Asphalt unter den
Rädern, und hier treffen wir auch wieder auf andere Wagen, die
von Bethlehem her auf der befestigten Route in die Golden Gate
Highlands gekommen sind. In Glen Reenen hat sich die Zivilisation schon recht dauerhaft niedergelassen, und zwar in Form eines
Campingplatzes für Touristen, eines kleinen Supermarktes und
einiger *rondawels*, kleiner Gästebungalows, gebaut nach Art afrikanischer Rundhütten mit Spitzdach, die sich somit gut in die
Landschaft einfügen.

Wenige Kilometer dahinter, in Brandwag, gibt es sogar eine
richtig komfortable Hotelanlage, an einem Berghang gelegen und

Gästebungalows auf Campingplätzen werden mit Vorliebe nach Art afrikanischer Rundhütten (rondawels) errichtet.

mit bester Sicht auf das Golden Gate, das dem Park seinen Namen gegeben hat.

Bei diesem Goldenen Tor handelt es sich um zwei eindrucksvolle, 140 m hoch aufragende und keilförmig zulaufende Sandsteinfelsen, die sich in diesem Tal gegenüberstehen und deren Gestein bei Sonnenuntergang golden leuchtet.

Wir legen eine Mittagsrast ein und genießen auf der Hotelterrasse den Ausblick. Wir wünschten, wir könnten hier einige Tage bleiben, um die Umgebung zu Pferd oder mit einer geführten Gruppe zu erkunden. Aber unser Terminplan, auf dem noch so viele andere Orte stehen, erlaubt uns das nicht. Wir nehmen uns jedoch vor, bei unserer nächsten Südafrikareise (wer einmal da war, kommt immer wieder!), wenn wir einmal nicht auf den Spuren meiner Romanfiguren sind, hier ein paar Tage zu verbringen, zumindest jedoch einen Sonnenauf- und einen Sonnenuntergang zu erleben. Wir sehen den Sonnenuntergang an diesem Tag in Bloemfontein, nach langen Stunden auf wenig befahrenen Straßen, die wieder einmal durch unendlich weites, dünnbesiedeltes Land mit Savannencharakter führen. Man merkt, daß wir uns schon den kargen, sandigen, wüstenartigen Landstrichen Südafrikas nähern.

In Bloemfontein, was »Quelle zwischen Blumen« bedeutet, verbringen wir einen überwiegend faulen Sonntag. Die Stadt (knapp 300 000 Einwohner) verfügt über einen Kern, in dem sich moderne verglaste Hochhäuser mit einigen alten, sehenswerten Gebäuden, wie etwa dem Rathaus mit seiner neoklassizistischen Säulenhalle, recht ansprechend vermischen. Und das sonnige Wetter, das schon die ersten Siedler als den »besonderen Segen Südafrikas« bezeichnet haben, trägt das Seine dazu bei, um einen angenehmen Eindruck zu hinterlassen. Das schwere Gewitter am Abend, mit einem wahren Maschinengewehrfeuer an Blitzen, sowie der heftige Regenschauer, der über Bloemfontein niedergeht, ist ein Erlebnis ganz besonderer Art. Es donnert und kracht und blitzt auf eine Art, daß man meinen könnte, das Firmament müsse jeden Moment unter dem Bombardement der Blitze zerbersten und auf uns niederstürzen. Keine Stunde später sind die Gewitterwolken jedoch wie weggewischt. Über uns spannt sich der Nachthimmel wieder wie ein schwarzes Samttuch, auf das jemand großzügig Diamantstaub und -splitter verstreut hat, und die Luft ist erfüllt vom Duft nassen Grases und blühender Sträucher.

Als wir am Montagmorgen unsere Fahrt nach Grahamstown fortsetzen wollen, streikt unser Mietwagen, der von oben bis unten mit rotbraunem Staub bedeckt ist. Er rührt sich einfach nicht von der Stelle.

»Was er wohl hat?« rätselt Helga und wirft mir einen Blick zu, als wüßte sie zumindest, *warum* er sich weigert, uns weiterhin treu zu Diensten zu sein.

»Ich denke, die *dirt roads* von Bloodriver, Rorke's Drift und den Golden Gate Highlands lassen grüßen«, sage ich und rufe die Mietwagenfirma an.

Vierzig Minuten später verlassen wir in einem fast neuen, blitzblank sauberen Toyota Bloemfontein – zumindest ist das unsere feste Absicht. Wir wollen auf die N 6, und man sollte annehmen,

Kolonialgebäude, hier im Osttransvaal, erzählen in vielen Städten von der bewegten Geschichte des Landes.

daß Schilder den Weg zu dieser wichtigen Nationalstraße weisen, deren Bedeutung mit unserer Autobahn gleichzusetzen ist. Die Beschilderung ist jedoch so katastrophal, da schlichtweg nicht existent, daß wir fast eine geschlagene Stunde durch die Stadt irren und dabei auch Viertel zu sehen bekommen, die nicht unbedingt zu einem Sightseeingprogramm gehören. Endlich und durch reinen Zufall stoßen wir auf ein Hinweisschild – hundert Meter vor der Auffahrt.

Unsere Route führt uns über Reddersburg, Rouxville, Aliwal Noord und Stutterheim nach Süden und von dort über Bisho und King William's Town durch die Ciskei nach Grahamstown, eine Strecke von 720 Kilometern.

Beschreibungen südafrikanischer Landschaften kommen nicht ohne Wiederholungen aus. Helga notiert während der Fahrt in unser Tagebuch: »Die N 6 führt über Reddersburg und eine weite, unendlich erscheinende Ebene nach Smithfield, wo wir unser Frühstück in einem kleinen, von Schwarzen frequentierten Take-Away-Shop einnehmen. Alle Fenster und Türen sind durch schwere Gitter gesichert. Essen sehr schmackhaft. Großer Andrang, da heute Zahltag bei den Schwarzen, die kommen, um ihre Schulden zu bezahlen und sich aus dem großen Kreditbuch der weißen Geschäftsinhaber austragen zu lassen. Inzwischen ist es 10 Uhr 20, und ein langer Weg bis nach Grahamstown liegt noch vor uns. Auftanken in Aliwal-Noord, dann geht es in die Stormberge und über Penhoek Pass (2 127 m). Sehr bizarre Landschaft. Steile Straßen, sehr kurvig und immer wieder atemberaubende Ausblicke bis Stutterheim...«

Kurz vor Stutterheim geraten wir in einen zehnminütigen Hagelschauer. Es ist kurios. Während die Landschaft links von der Straße unter einer fast pechschwarzen Wolkendecke und heftigem Hagelregen liegt, strahlt auf der rechten Seite die Sonne.

Hinter Stutterheim nehmen wir die Abkürzung nach Grahamstown durch das Homeland Ciskei. Die Fahrt durch die bergige Landschaft ist zauberhaft. Wir kommen an vielen kleinen Schwarzensiedlungen vorbei. Es sieht alles sehr sauber aus. Alle schwarzen Schulkinder tragen Uniform, die meisten aber gehen barfuß.

Rinder und Ziegenherden weiden frei bis an die Straßenränder und stehen manchmal auch unverhofft vor einem auf der Straße.

»Du solltest mehr Bilder von den Schwarzen und ihren Siedlungen machen«, rät Helga mir. »Sonst heißt es nachher, du hättest dafür kein Auge gehabt und nur die Welt der Weißen fotografiert.«

Aber es widerstrebt mir, mit der Kamera die zumeist doch armselige Welt der Schwarzen abzulichten. Ich kenne diese Bilder, auf denen sich die Armut dieser Leute so trügerisch pittoresk ausnimmt, nur weil sie in bunte Stoffe gekleidet sind und der Hintergrund exotisch ist. Ich mag irren, aber diese Art der Fotografie verbinde ich mit dem berufsmäßigen Voyeurismus von Fotojournalisten, die mit der Kamera auch dann noch draufhalten, wenn Menschen auf offener Straße erschossen werden, und die abgebrüht genug sind, bei Beerdigungen die schmerzverzerrten Gesichter der Angehörigen mit dem Zoom ganz nahe heranzuholen.

»Ich kann das nicht, gut gekleidet aus dem Wagen steigen und die Kamera beispielsweise auf die schwarzen buntgekleideten Frauen vor ihren Hütten da drüben richten, als wären sie Ausstellungsstücke, die man begafft und auf Film bannt, um mich im nächsten Moment wieder in den Wagen zu setzen und weiterzufahren«, erkläre ich. »Mir kommt das einfach schäbig vor, so als würde ich ihre Armut auch noch ausnutzen. Es geht mir einfach gegen den Strich. Vielleicht hat es damit zu tun, daß ich Schriftsteller bin und kein Reporter. Fotos haben zweifellos eine große Aussagekraft, können aber genauso verlogen sein wie eine Textstelle, die es mit der Wahrheit nicht so genau nimmt.«

»Du mußt es wissen, aber wundere dich dann nicht, wenn man dir später vorhält, du hättest die Schwarzen keines Bildes für wert erachtet«, warnt mich Helga.

»Allen kann man es nie recht machen, und ich ziehe es vor, meinen Prinzipien treu zu bleiben«, entgegne ich ihr. »Wer nicht gänzlich blind durch die Welt läuft, weiß auch so, daß die Schwarzen hier nicht gerade auf Rosen gebettet sind.«

Ich ziehe es vor, Bilder von dem zu machen, was Schwarze *und* Weiße in diesem Land nicht trennt, sondern verbindet – und das ist

Querverkehr auf schnurgerader Straße. Wird hier gerade ein Umzug durchgeführt?

die Großartigkeit der Landschaft. Ständig bin ich versucht, anzuhalten und Fotos von den blühenden Sträuchern, Proteen und Aloen zu machen, die das Herz eines jeden Blumenliebhabers vor Begeisterung schneller schlagen lassen. Wir bekommen unbesiedelte Täler zu sehen, die von Wäldern haushoher Kakteen bedeckt sind. Die Pracht an Farben und die Vielfalt, die die Natur in Südafrika entfaltet, ist unglaublich und bedarf eines versierten Botanikers, um ihr in Beschreibungen gerecht zu werden. Mir genügt der berauschende Anblick dieser Riesenkakteen und der blühenden Blumen und Sträucher.

In und um King William's Town bemerken wir an den Straßenkreuzungen und an den Ausfahrtstraßen zahlreiche schwarze Polizeikräfte. Kurz darauf werden wir von einem Konvoi aus drei silberfarbenen Mercedes-Limousinen des teuersten Kalibers überholt, der von einer schwarzen Motorradeskorte begleitet wird und zum Flughafen der Ciskei rast. In den Wagen sitzen schwarze Regierungsmitglieder des Homelandes. (Was wir nicht wissen: Am Tag darauf findet ein Protestmarsch von mehr als 50 000 ANC-Anhängern an die Grenze der Ciskei statt, die gegen die schwarze Marionetten-regierung dieses Homelands demonstrieren. Die Demonstration endet in einem blutigen Massaker mit über dreißig Toten und vierhundert Verletzten, als die ANC-Anhänger entgegen allen Ab-sprachen nach Bisho vordringen wollen – angeblich um die Regie-rung zu stürzen – und die schwarzen Truppen der Ciskei aus Panik oder Mordlust das Feuer auf sie eröffnen.)

»Welch ein Kontrast zu ihren armen Brüdern und Schwestern, die Holzbündel oder Wasserkanister auf ihren Köpfen balancieren«, meint Helga.

»Vermutlich sind die ja sogar noch stolz darauf, daß ihre schwarze Regierung denselben Luxus genießt und die gleichen Nobelkarossen und Flugzeuge benutzt wie die Weißen«, mutmaße ich und erinnere mich an eine Passage aus dem überaus lesenswerten Buch *Rückkehr nach Afrika* von Doris Lessing. Da heißt es: »Zimbabwe wird wie viele andere junge afrikanische Nationen von einer korrupten Elite regiert. Von einer Räuberbande, die sich ihres Verhaltens alles andere als schämt. Im Gegenteil, man ist stolz auf sich, prahlt, stellt seinen Reichtum zur Schau. Joshua Nkomo, der wie Mugabe der Korruption anfangs entgegenzuarbeiten versuchte, kapitulierte schließlich 1989 vor der Realität: ›Wir müssen lernen, reich zu sein, wie wir auch alles andere lernen müssen‹...«

Ich nehme an, daß es sich mit der schwarzen Regierung der Ciskei nicht anders verhält, und wer wollte ihr das auch zum Vorwurf machen? Auch unsere Volksvertreter denken doch nicht daran, auf ihre Privilegien und ständigen Diätenerhöhungen zu verzichten, »nur« weil es großen Teilen unserer Bevölkerung schlechtgeht – und wir Bürger, die wir dafür mit unseren Steuergeldern bezahlen, denken nicht daran, sie für ihre Arroganz und Verschwendung entsprechend zur Rechenschaft zu ziehen.

Hinter King William's Town geht es auf die breite N 2, und mit der Landschaft vollzieht sich eine starke Veränderung. Die Bergket-ten, die sich wie die Wellenbögen eines Ozeans bis scheinbar in die Unendlichkeit hintereinanderreihen, sind hier dicht bewaldet. Die-ser an- und absteigende grüne Teppich tut dem Auge gut.

So ansprechend diese Mutter-Kind-Idylle auch sein mag – mir persönlich widerstrebt es, nach möglichst malerischen »menschlichen« Fotomotiven zu jagen.

Und dann, eine halbe Autostunde vor Grahamstown, das 1812 als Militärgarnison gegründet wurde, taucht der Great Fish River vor uns auf, der während der ersten Jahrzehnte des 19. Jahrhunderts in der Geschichte der Kapkolonie eine so wichtige Rolle gespielt hat.

»Breit und majestätisch, geradezu traumhaft, liegt er vor uns«, notiert Helga, »eingebettet in eine bergige Landschaft von eindrucksvoller Erhabenheit. Große Schleifen ziehend, begleitet uns dieser Strom eine Weile.«

Im warmen Licht des Spätnachmittags treffen wir in Grahamstown ein, und als wir die stillen gepflegten Vororte passieren und dann über die Bathurst Street ins Zentrum gelangen, hat dieser Ort schon unsere spontane Zuneigung gewonnen. Der Charme, den diese gut überschaubare Universitätsstadt mit ihren alten Fassaden, Arkadengängen, der Kathedrale und den Alleen ausstrahlt, nimmt uns sofort gefangen.

Wir nehmen Quartier im behäbig-behaglichen *Settler's Inn*, einige Kilometer außerhalb der Stadt in Richtung Port Elizabeth und am Hang eines jener Berge gelegen, die Grahamstown weiträumig umgeben. Vom Hotel ist es nur ein Steinwurf zum Siedler-Denkmal und zum Fort Selwyn, das 1835 auf dem Gunfire Hill errichtet wurde.

Zum Abendessen fahren wir in die Stadt hinunter, und unser abendlicher Rundgang bestätigt unseren ersten positiven Eindruck. Hier werden wir uns mit Sicherheit ein paar Tage wohl fühlen, und die Museen, untergebracht in alten, prächtigen Gebäuden mit säulengetragenen Portalen, stimmen mich schon optisch in die Zeit ein, die ich zu recherchieren habe.

Auf unseren Wunsch hin wird uns am nächsten Morgen um 7 Uhr der Morgentee in unseren kleinen Gartenbungalow gebracht. Welch eine zivilisierte Art, den Tag zu beginnen! Wir haben uns schon sehr daran gewöhnt.

Die harte Arbeit in den Archiven beginnt mit einem herzlichen und hilfreichen Gespräch, das wir mit Mister Wilmot, dem Direktor des Albany Museums, führen. Er spricht fließend Xhosa, da er auf einer Farm aufgewachsen ist, und zeigt großes Interesse an meinem

Romanprojekt. Mit jener großzügigen Hilfsbereitschaft und Freundschaft, die wir überall in diesem Land antreffen, stellt er uns seinen Kurator Gerard Corsane sowie dessen Mitarbeiterinnen Fleur Way-Jones und Marijke Cosser zur Verfügung.

Allein schon der Raum, in dem wir die nächsten Tage unserer Arbeit nachgehen können, weckt meine Begeisterung. Hinter den Glastüren der alten Bücherschränke aus edlen dunklen Hölzern reihen sich die kostbaren Folianten, Erstausgaben und Tagebücher von Wand zu Wand. Und dann die Bemühungen unserer wissenschaftlichen »Helfer«. Ich brauche nur kurz zu erwähnen, daß ich bisher noch nicht viel über den Gerichtsprozeß gegen die burischen Siedler gefunden habe, die 1815 einen kleinen lokalen Aufstand gegen die britische Kap-Regierung versucht hatten, da macht sich Gerard Corsane schon auf den Weg, um mir wenig später das fast 1 000-seitige Gerichtsprotokoll dieser »Slagters Neck-Rebellen« auf den Tisch zu legen. Der Strom von Karten, Büchern und anderem Material reißt nicht ab.

Wieder einmal wühlen wir uns durch dieses Gebirge an Informationen, um die für mich wichtigen von den weniger wichtigen zu trennen. Immer wieder ertappe ich mich dabei, daß ich mich irgendwo festlese. Was ich hier an Material finde, Berichten aus erster Hand, ist enorm – und die schiere Menge des zu sichtenden Materials begeistert mich. Andererseits erschreckt es mich auch, immer wieder auf weitere neue, aufregend interessante Aufzeichnungen zu stoßen, beziehungsweise unermüdlich auf dieses oder jenes hingewiesen zu werden. Ich fürchte, den Wald vor lauter Bäumen nicht mehr zu sehen.

»Keine Sorge, du wirst schon nichts Wichtiges übersehen«, beruhigt mich Helga, als ich auch abends noch im Hotel meine Papiere sichte und grüble, ob ich dieses oder jenes Buch vielleicht doch nicht besser ganz kopieren lassen soll, statt nur die mir heute wichtig erscheinenden Kapitel. Werde ich, erst außer Landes, bereuen, nicht auch die anderen Kapitel kopiert zu haben?

Und so beginnt erneut eine wahre Kopier-Orgie, die Helga gelassen mit den Worten kommentiert: »Wir haben noch nie eine Recherchenreise gemacht, ohne am Schluß noch mindestens einen

Der Autor mit seiner Frau bei der Arbeit in einer Bibliothek. Meine Frau war mir eine unentbehrliche Hilfe bei historischen Recherchen.

großen Koffer allein für die Kopien kaufen zu müssen. Warum soll es diesmal auch anders sein?«

Wir haben schnell unsere Stammlokale in Grahamstown gefunden. Für einen schnellen Lunch zum Mittag suchen wir auf der High Street die *Juice Bar* auf, und abends zieht es uns in das ebenso preiswerte wie gute *Spur Restaurant*, das stark von den Studenten frequentiert wird und eine dementsprechend lässige Atmosphäre besitzt. Der Besitzer der *Juice Bar* ist ein ehemaliger Deutscher, wie sich bald herausstellt, namens Peter Hilmer. Er ist gelernter Konditor und hat in den vergangenen zwanzig Jahren in Amerika, Australien, auf den Seychellen, in Kenia, Mosambik und wer weiß noch wo gearbeitet. Seine Frau ist Schwedin, und auch er hat mittlerweile einen schwedischen Paß.

Wie uns der Inhaber von *Fable's* (einem Antiquariat ein paar Häuserblocks weiter oberhalb, in dem ich eine Menge Geld für eine Menge Bücher lasse) anvertraut hat, ist Peter Hilmer schon seit sechs, sieben Jahren in Grahamstown. »Zuerst hat er es mit einer Konditorei versucht. Torten, Kuchen und Gebäck – alles erstklassig. Aber Grahamstown ist nun mal nicht Kapstadt. Trotz der Universität ist und bleibt es eine ländliche Kleinstadt. Die Leute hier sind nicht bereit, allzuviel Geld für solche Sachen auszugeben. Er hat sich mit der Bäckerei nicht halten können. Aber die *Juice Bar* läuft gut.«

Kein Wunder. Das Essen ist sehr gut, schnell serviert und preiswert. Und während ich mir an der Sitztheke Curryhuhn auf Reis schmecken lasse und Helga mit Genuß eine deftige Gemüsesuppe löffelt, kommen wir mit Peter Hilmer ins Gespräch. Es dauert nicht lange, und wir sind bei der politischen Lage angelangt und reden über das Massaker in der Ciskei vor einigen Tagen.

»Das war ein eiskalt geplanter Marsch in den Tod! Die ANC-Führung hat genau gewußt, daß es zu schweren Ausschreitungen kommen würde, und das Blutvergießen in Kauf genommen!« erregt sich Peter Hilmer. »Es ging den Männern um und hinter Nelson Mandela nur um die Schlagzeilen und weltweite Medienaufmerksamkeit. Aber diesmal sind sie zu weit gegangen. Sogar die Londoner *Times* und die *Washington Post* haben allmählich begriffen, daß der ANC weit davon entfernt ist, das saubere Gewissen der schwarzen Bevölkerung zu sein, sondern genauso machthungrig und skrupellos ist wie andere Gruppen, die um die Macht kämpfen.«

»Wie wird die Zukunft Südafrikas Ihrer Meinung nach aussehen?« stelle ich auch ihm die Frage, die ich fast jedem Weißen und Schwarzen, mit dem wir näheren Kontakt bekommen, stelle.

Er zuckt mit den Achseln, lacht jedoch dabei, anstatt ein finsteres Gesicht zu machen, wie das sonst häufig der Fall ist. »Mein Gott, wenn ich das wüßte. Man muß jedoch Optimist sein. Wir haben hier eine Chance. Mandela, Buthelezi und die anderen haben die katastrophalen Fehler der anderen schwarzen Führer doch recht deutlich vor Augen. Es ist auch nicht davon die Rede, die Weißen zu vertreiben. Das macht Hoffnung. Andererseits...«

»Ja?«

»Dieser Haß unter den einzelnen Stämmen ist schwieriger in den Griff zu bekommen, als etwa einen Befreiungskrieg gegen die Weißen zu führen«, sorgt er sich. »Ich kann da als Geschäftsmann aus eigener reicher Erfahrung erzählen, wie irrational und abergläubisch die Schwarzen reagieren, wenn sie mit Angehörigen eines anderen Stammes zusammenarbeiten sollen. Ich habe es mal bei mir in der Küche versucht. Doch ich mußte die Frau wieder entlassen. Meine anderen Angestellten beschuldigten sie, sie würde sie behexen, ihnen Zauberkräuter ins Essen streuen und ihre Ehemänner impotent machen.«

»Und wie soll sie das gemacht haben, ich meine, das letztere?«

»Indem sie angeblich eine Unterhose besprochen und dann mit der Schere zerstückelt hat. Für uns klingt das mehr nach einem Witz, aber für die Schwarzen ist das tödlicher Ernst«, betont er. »Wegen dieser Sachen ist es bei mir fast zu einer Messerstecherei gekommen. Tja, und das sind eben die Schwierigkeiten, die ich sehe. Es wird so unheimlich schwer werden, jahrhundertealten Aberglauben und Stammeshaß zu überwinden. Aber man muß daran glauben, und irgendwie wird es wohl letztlich doch gelingen . . .«

Und dieser letzte Satz klingt fast wie eine Beschwörungsformel ganz eigener Art.

Die ganz besondere Chemie der Fantasie

Die Tage in Grahamstown und das Material, das ich hier zu lesen bekomme, sind für mein Projekt ungeheuer wichtig. Denn hier, wo ich mich besonders in die Materie hineinknie, beginnt die besondere Chemie der Fantasie zu reagieren. Jener magische Prozeß läuft an, ohne den ein Schriftsteller verloren ist: Informationen geben den Anstoß zu eigenen Ideen, Non-Fiktion und Fiktion verbinden sich zu etwas Neuem, Eigenständigem. Es beginnt zu gären, zum Teil noch ohne inneren Zusammenhalt, aber das ist nicht weiter schlimm. Vieles landet später im Papierkorb, aber eine Idee führt zur nächsten, und aus dem Vielerlei setzt sich später das Puzzle eines umfangreichen Romanes mit Dutzenden von handelnden Personen und Szenen zusammen. Die ersten Dialoge laufen im Kopf ab wie in einem Film, der nur bedingt der eigenen Kontrolle unterliegt.

All das dringt nun geballt auf mich ein, als ich mich in die Tagebücher der Siedler vertiefe. Da ist die Geschichte des 14jährigen Mädchens, das 1820 mit seiner Familie England verließ, hierher in die Grenzprovinz Albany kam und nach schweren Schicksalsschlägen, die die Familie trafen, schon in so jungen Jahren eine enorme Verantwortung übernehmen mußte, der sie sich aber ohne Murren und mit einem unglaublichen Gottvertrauen und Willen stellte.

Oder die beispielhafte Geschichte, mit welchen Schwierigkeiten der junge Siedler Jeremiah Goldswain 1822 zu kämpfen hatte, bis er mit seiner geliebten Eliza Debenham verheiratet werden konnte. Eheschließungen wurden damals einmal im Monat in Grahamstown vorgenommen. Also marschierten Jeremiah und Eliza nach Grahamstown, um dort eine Ehelizenz zu beantragen. Hin und zurück bedeutete einen Fußmarsch von 100 Kilometern. Im Ort eingetroffen, mußten sie vier Stunden warten, ehe sie an der Reihe waren und dem *Landrost*, dem Magistrat, die schriftliche Einverständniserklärung von Elizas Vater vorlegen konnten. Der Landrost teilte ihnen mit, daß ihre Namen zwei Wochen aushängen würden. Dann erst – sowie nach Zahlung von 15 Shilling – könnten sie ihre Ehelizenz erhalten. Vierzehn Tage später begab sich Jeremiah wieder auf den langen Weg nach Grahamstown, um das wichtige Papier abzuholen. Gut, das war erledigt. Doch damit hatten die Schwierigkeiten, in den Stand der Ehe zu treten, noch längst kein Ende gefunden. An ihrem Hochzeitstag – sie schwelgten im Glück *eines* für diesen Tag geliehenen Pferdes! – ritten die beiden zum Haus von Reverend Boardman, dem Geistlichen des Bezirks, der die Trauung vornehmen sollte. Er wohnte 15 Kilometer entfernt. Man stelle sich ihre bittere Enttäuschung vor, als sie bei ihrer Ankunft erfuhren, der Reverend sei nach Grahamstown gefahren. Niedergeschlagen kehrten sie zu ihren Farmen zurück und wollten ihre Hochzeitspläne schon verschieben, als ein Freund sich daran erinnerte, von einem neuen Wesleyan-Priester gehört zu haben, der am Tag zuvor bei der Farm Green Fountain einen Gottesdienst abgehalten hatte und also noch in der Gegend sein mußte. Sofort sprang Jeremiah wieder in den Sattel, und nach einem langen Ritt kreuz und quer durch das Land, auf der Suche nach dem neuen Geistlichen, und einem heftigen Regenschauer, der ihn bis auf die Haut durchnäßte, fand er den Priester schließlich, überredete ihn, mit ihm zu kommen, und führte am späten Abend, völlig erschöpft, aber überaus glücklich, seine Braut Eliza vor den provisorischen Altar . . .

Von diesen unglaublichen Geschichten sind die Tagebücher hier in der Bibliothek voll. Man muß sie zwischen all den anderen eher langweiligen und langatmigen Eintragungen nur zutage fördern. Das ist das Gold für einen Schriftsteller von historischen Romanen, und wie bei allem, was einen besonderen Wert hat, ist es auch diesmal mit viel Mühe verbunden, dieses Gold aus dem wertlosen Gestein zu lösen.

Ich konzentriere mich erst einmal auf die Hauptpersonen von *Flammende Steppe* und lege die ersten Handlungsstrukturen und Grundstimmungen des Romans fest. Bald steht die erste grobe Version des Exposés, das wie folgt beginnt: »Hendrik McAllister, von seinen drei älteren Brüdern tyrannisiert, erträgt das enge Leben in Grahamstown, wo sein Vater einen General Store – *McAllister's Emporium* – betreibt, nicht länger. Er will kein Krämer werden. In ihm fließt das Blut seiner burischen Mutter. Ihn zieht es hinaus ins *Veld* (freie Natur). Nach einem erbitterten Streit verläßt er sein Zuhause. Am Fuß der Snow Mountains verbindet sich sein Schicksal mit dem von Hermanus Steenkamp. Er will nur einen Winter für den alten Burenfarmer auf *Groot Fontein* arbeiten, doch dann werden fünf Jahre daraus . . .«

Das wird eine wirklich packende Story über die 1820-Siedler von Albany. Zuerst die Hintergründe: Wie die britische Regierung die Emigration dieser Leute forciert hat und wie diese Menschen mehr als einmal über den Tisch gezogen worden sind. Wie sie dann voller Hoffnung ihr Elend in England hinter sich gelassen haben, um dann hier vom Regen in die Traufe zu kommen. Und das Unglaubliche und Berührende ist, daß die Hälfte von ihnen dennoch ausgehalten hat und unter den wahrlich nicht wenigen Prüfungen nicht zerbro-

74

chen ist. Bald aber habe ich in meinem Exposé und meiner Fantasie die engen Grenzen der Kolonie hinter mir gelassen und befinde mich auf dem großen Treck . . . Und ins Tagebuch kommt die Eintragung: »Sehr erfolgreiche Tage in Grahamstown. Morgen über die Garden Route in Richtung Kapstadt.«

Auf der Garden Route nach Süden

Wieder einmal schenkt uns der einsetzende Frühling einen klaren, sonnigen Morgen, als wir über die Berge hinunter zur Algoa Bay fahren. Vierzig Minuten später sehen wir unter uns das Meer und die tiefgestaffelte Dünenlandschaft des Strandes, der sich in einem gewaltig weiten, sichelförmigen Bogen bis hin nach Port Elizabeth erstreckt, dessen Häusermeer sich am Horizont abzeichnet.

Wir fahren von der N 2 ab und zum Beach hinunter, um ein wenig zwischen den Dünen und am Strand spazierenzugehen. Und während wir die salzhaltige Brise und das Brausen der Brandung genießen, kommt mir in den Sinn, mit welch anderen Augen 1820 die britischen Emigranten diese Bucht gesehen haben müssen, als ihr Schiff hier nach über vier Monaten Überfahrt vor Anker ging.

In seinen *Reminiscences of an Albany Settler* erinnert sich Reverend Dugmore, der 1820 ein Kind von zehn Jahren war, an den Augenblick, wo er Algoa Bay zu Gesicht bekam: »Die trostlosen Sandhügel und salzigen Marschen des damals einsamen Landungsplatzes waren nicht dazu angetan, die Stimmung der Neuankömmlinge zu heben. Dieser schrecklich unfruchtbare Küstenstreifen sah an diesen und folgenden Tagen viele schrecklich enttäuschte Gesichter. Und einige gingen nur an Land, um zu sterben. Sie beendeten hier am Strand von Algoa Bay ihr Emigrantenleben, noch bevor es wirklich begonnen hatte . . .«

Das Schicksal dieser so betrogenen und ausgenutzten Familien, die dann von Algoa Bay in achttägiger anstrengender Fahrt von burischen Ochsenwagen zu ihren Parzellen im Zuurveld gekarrt wurden, hängt mir noch lange nach, während wir unsere Fahrt auf der Garden Route entlang der Küste fortsetzen.

Diese Strecke über die zauberhafte Jeffrey's Bay, Plettenberg Bay, Mossel Bay und Riversdale nach Swellendam verdient ihren vielversprechenden Namen. Es gibt so viel zu schauen und Natur pur im blühend vielfarbigen Kleid des Frühlings zu genießen. Wir kommen an riesigen Feldern vorbei, die rapsgelb leuchten, und unser Staunen über die gewaltigen Mimosenbäume nimmt kein Ende. Zu unserer Linken liegt der Indische Ozean unter einem sonnig blauen Himmel, während sich zu unserer Rechten immer neue Bergketten auftürmen. Am Storms River Canyon, einer tiefen zerklüfteten Schlucht, über die sich eine Brücke spannt, legen wir eine Rast ein, um den Ausblick auf uns wirken zu lassen.

Am Nachmittag erreichen wir Plettenberg Bay, einen der beliebtesten Ferienorte an der Garden Route während des Sommers. Und wer aus dem Hinterland kommt und zum erstenmal den Blick über den Robberg im Süden, die buschbestandenen Hänge der Tsitsikamma-Berge im Norden und die weite Lagune schweifen läßt, der versteht, daß der Name Plettenberg Bay überall im Land und auch bei Südafrikakennern in Übersee die Augen zum Leuchten bringt.

Dieses herrliche Fleckchen Erde ist einfach zu schön, als daß man es nur im Vorbeifahren bestaunen könnte. Wir gönnen uns eine Nacht im *The Plettenberg*, der ersten Adresse am Ort. Das wunderbar südländisch leicht und hell eingerichtete und auf den Look-Out-Rocks gelegene »Country-House-Hotel« bietet nicht nur eine kleine intime Hotelanlage, eine exzellente Küche und ganz allgemein eine erstklassige, aber dabei dennoch legere Atmosphäre, sondern den Gästen, die ein Zimmer mit *Sea View* gebucht haben, einen wahrhaft spektakulären Ausblick. Wir können uns an dem Panorama nicht satt sehen, das sich uns darbietet.

»Hier eine Woche Urlaub!« seufzt Helga sehnsüchtig, als wir auf dem Balkon stehen und über die Bucht schauen, in der sich regelmäßig Wale einfinden.

Tags können wir noch auf der Terrasse mit Blick auf die Bucht frühstücken, doch als wir losfahren, ziehen Wolken herauf, und feiner Nieselregen fällt wie vom Wind verwehte Meergischt auf die Fensterscheiben unseres Wagens. Dies ist der erste wirkliche Regentag seit unserer Ankunft vor zweieinhalb Wochen. Hier und da bricht jedoch immer wieder die Sonne für einen Augenblick durch die Wolkendecke und zaubert herrliche Regenbögen auf die abwechslungsreiche und noch immer bergige Küstenlandschaft.

Hinter Mossel Bay klart der Himmel wieder auf. Die Fahrt geht durch fruchtbare Täler mit vielfarbigen Grüntönen und dem satten erdigen Braun frisch gepflügter Äcker. Unser Blick trifft immer wieder auf die anmutigen Gebäude im kapholländischen Stil. Wir passieren Swellendam mit seinen von Eichen gesäumten Straßen und seinen Häusern aus der Kolonialzeit.

Kapstadt ist nun nicht mehr weit, und bald erstrecken sich schon rechts und links der Nationalstraße die weitflächigen Siedlungen der Schwarzen, denen es vor noch gar nicht allzu langer Zeit per Gesetz verboten war, in der Stadt zu wohnen.

In Rondebosch und Claremont, traditionsreichen und dementsprechend gepflegten Wohn- und Villenvierteln auf der Ostseite des Tafelberges, schauen wir zwei ehemalige Herrenhäuser an, die nun als kleine private Hotels geführt werden und viel Atmosphäre bieten: das *Greenways* und das *Palm House*. Beide besitzen ihren ganz besonderen Zauber, aber in dieser manchmal doch noch etwas kühlen Frühjahrs-Vorsaison auch einen entscheidenden Nachteil: Die großen und meist hohen Räume, ideal im südafrikanischen Sommer, sind zu kühl. Zudem ist der Aufenthalt in diesen ansonsten sehr ansprechend individuellen Country Hotels angenehmer, wenn man nicht der einzige Gast im Haus ist.

Unsere Wahl fällt schließlich auf das mit 114 Zimmern doch sehr viel größere *The Vineyard Hotel*, das ebenfalls in Rondebosch liegt und von mehr Leben erfüllt ist. Zudem verfügt das Hotel über einen einzigartigen Garten, der in seiner Ausdehnung schon als Park zu bezeichnen ist. Und wenn wir aus unserem Zimmer blicken, dann haben wir den Eindruck, als würde der Tafelberg, der meist eine Tischdecke aus Wolken trägt, geradewegs aus dem Hotelgarten aufragen, so nahe erscheint uns die Berggruppe, die zwischen uns und Central Cape Town liegt. Wir sind sehr zufrieden mit unserer Wahl, zumal uns der Regen nicht gefolgt ist und wir den Nachmittagstee auf der Terrasse unter alten, schmiedeeisernen Arkaden einnehmen und unser Kapstadt-Programm durchgehen können.

Die Taverne der Meere

Wenn der Kapitän des holländischen Schiffes *Nieuw Haerlem* ein etwas besserer Navigator und der junge Kaufmann Jan van Riebeeck nicht so sehr darauf erpicht gewesen wäre, wieder von der Holländisch-Ostindischen Kompanie eingestellt zu werden, wer weiß, welches Schicksal dem Land am Kap der Guten Hoffnung dann beschieden gewesen wäre.

Die Geschichte der ersten europäischen Niederlassung an der Südspitze Afrikas begann damit, daß die *Nieuw Haerlem* 1647 in der Tafelbucht strandete. Im März des folgenden Jahres brachten holländische Schiffe die Gestrandeten und die Fracht des Ostindienfahrers in die Heimat zurück. An Bord der heimwärts segelnden Flotte befand sich auch Jan van Riebeeck. Er war aus dem Fernen Osten nach Holland zurückbeordert worden, weil gegen ihn der Verdacht laut geworden war, sich auf Kosten der Kompanie bereichert zu haben. Er mußte eine Strafe bezahlen, behielt jedoch Titel und Gehalt, was ihm bei einem uneingeschränkten Schuldspruch nicht vergönnt gewesen wäre. Er war jedoch aus dem Rennen. Als ihm zu Ohren kam, daß die Kompanie beschlossen hatte, an der Tafelbucht eine Niederlassung zu gründen, und einen Kommandanten für die zu errichtende Siedlung suchte, stellte er sich zur Verfügung – und bekam die Stelle auch, nachdem andere, an die der Rat der Kompanie herangetreten war, dankend abgelehnt hatten. Van Riebeeck wollte diesen Posten aber nur als Sprungbrett nutzen und rechnete fest damit, schon nach kurzer Zeit wieder nach Japan versetzt zu werden. Aus der kurzen Zeit wurden zehn Jahre, in denen er eine Kolonie am Kap aufbaute.

Sie weckte schon bald die Begehrlichkeit der Briten. Je mehr der weltweite Seehandel Englands und seine Stellung als Seemacht wuchs, desto größer wurde die strategische Bedeutung der Kapkolonie, die ebenfalls wuchs und gedieh. Die Besetzung und Annexion im Januar 1806 durch die Briten ergab sich aus der rücksichtslosen Politik einer imperialistischen See- und Weltmacht mit einem großen Kolonialreich. Zur Blütezeit der Ostindienfahrer und Tee-Klipper nannte man Kapstadt auch *The Tavern of the Seas – Die*

Taverne der Meere. Denn hier trafen sich Seeleute aus aller Herren Länder in den Tavernen am Hafen, wenn die Segelschiffe auf ihrem monatelangen Weg nach Indien oder zurück nach Europa in Sichtweite des mächtigen Tafelberges und der Zwölf Apostel vor Anker gingen, um Reparaturen auszuführen, Proviant an Bord zu nehmen und die Fässer mit frischem Wasser zu füllen.

Kapstadt gehört zweifellos zu den Höhepunkten einer jeden Rundreise durch Südafrika, und wir freuen uns, wieder am »Cape« zu sein. Denn anders als Johannesburg ist diese Stadt geradezu dafür geschaffen, daß man sie sich unbesorgt auf Spaziergängen und Entdeckungstouren von beliebiger Dauer erschließt und das besondere, fast schon mediterrane Flair auf sich einwirken läßt, ob man nun über die palmengesäumte Promenade am Meer entlang und durch die Parks schlendert, oder ob man den alten historischen Gebäuden und der Vielfalt und bunten Betriebsamkeit der Geschäfte in der Innenstadt Zeit und Interesse widmet.

Im Umkreis von einer Autostunde lockt zudem das Hinterland mit alten Weingütern, romantischen Tälern und Orten von besonderer historischer Bedeutung. Und dann ist da ja auch noch das Kap der Guten Hoffnung! Bei unserem jetzigen Aufenthalt haben wir für einen Abstecher zum Cape Point leider keine Zeit, für den man sich schon mindestens einen halben Tag nehmen muß, wenn man den Ausflug richtig genießen und unterwegs auch mal anhalten möchte. Doch wir erinnern uns noch sehr gut an die zauberhafte Fahrt vor einigen Jahren über Muizenberg, Fish Hoek und Simon's Town sowie die eigenartige, gedrungene Vegetation im *Cape of Good Hope Nature Reserve.* Die weiten Erika-Felder und die vielen Sorten von Proteen sowie die über Felsen turnenden und sehr dreisten Paviane, die den Naturschutzpark bevölkern, sind mir dabei in besonders deutlicher Erinnerung geblieben. Und natürlich der fantastische Ausblick vom Cape Point Peak, wo noch der alte Leuchtturm steht. Es bewegt einen schon, wenn man sich vorstellt, daß hier der Atlantik auf den Indischen Ozean stößt. Wenn man dort oben in 200 m Höhe auf dem Felsen steht und unter sich die

Blick von der Uferpromenade in Kapstadt auf Lion's Head. Die Atmosphäre der Stadt erinnert fast ans Mittelmeer.

Brandung sieht, die weiß um die Klippen schäumt, dann fällt es einem nicht schwer, die naturwissenschaftliche Vernunft für eine Weile zu vergessen und die beiden Meere nicht als willkürlich durch Namen voneinander getrennte Teile eines in Wirklichkeit doch weltumfassenden Ökosystems zu sehen.

So verlockend es auch ist, sich in den Wagen zu setzen und noch einmal zum Cape Point hinauszufahren – wir versagen es uns. Diesmal muß das »Zusammentreffen« der Ozeane ohne uns stattfinden.

Dafür steigen wir am Morgen nach unserer Ankunft die Treppe zum eindrucksvollen, weißen Säulenportal der *South African Library*, 1818 von Lord Charles Somerset, dem damaligen Gouverneur der Kapkolonie, gegründet, empor und treffen mit den Bibliothekaren Tom Behnisch und Arlene Fanarof zusammen.

Der neoklassizistische Lesesaal mit seinen Kaminen, alten Holztischen und Säulen und der darüberliegenden offenen Büchergalerie in dem 1860 fertiggestellten Gebäude entschädigt dafür, daß wir wieder einmal einige Tage innen verbringen müssen.

Wir werden hier nicht weniger freundlich und hilfsbereit behandelt als in Johannesburg oder Grahamstown, aber einen gewaltigen Unterschied zu unseren bisherigen Erfahrungen mit Archiven und Bibliotheken gibt es schon: Die Fotokopierorgie fällt hier völlig aus.

»Tut mir leid, aber das ist leider nicht möglich«, bedauert Mrs. Fanarof, als ich sie bitte, das längst vergriffene Buch *The Grand Parade* von Hymen Picard von vorn bis hinten für mich kopieren zu lassen. Eine interne Anweisung, die mit dem Schutz des Copyrights zu tun hat, verbietet das Kopieren umfangreicher Teile eines Buches.

»Wieviel Seiten kann ich denn kopieren?« möchte ich wissen.

Ein Limit will sie mir nicht nennen. »Notieren Sie einfach die Seiten, die Sie interessieren. Wenn die Zahl sich im Rahmen hält, gibt es keine Schwierigkeiten«, antwortet sie mir doch sehr vage.

Mich interessiert erst einmal *jede* Seite in diesem großformatigen Wälzer, der sich mit der Entwicklung von Kapstadt befaßt und voll von wichtigen Detailinformationen für mich ist! Und es ist nicht das einzige Buch, aus dem ich zumindest große Teile, also 80–100 Seiten, kopiert mit nach Hause nehmen möchte, um das Material dann in aller Ruhe studieren und mir das herausschreiben zu können, was ich für meinen Roman brauche. Also was tun?

»Wenn wir erst alles durchlesen und abschreiben müssen, sitzen wir noch nächstes Jahr hier«, grolle ich und versuche durch schnelles Querlesen – eine Fähigkeit, die ich mir gottlob schon vor Jahren angeeignet habe –, die wichtigsten Passagen in den Büchern zu finden, um wenigstens diese in Auszügen als Kopie mit mir nehmen zu können.

Aber wie kann ich jetzt schon wissen, welche Information ich benötige? Daß die Kapkolonie Getreide nach Kalkutta ex- und Reis aus dem Osten importierte, interessiert mich im Augenblick genausowenig wie die Ausführungen darüber, daß die *Children's Friend Society* aus englischen und irischen Waisenhäusern 359 Jungen zwischen zwölf und vierzehn Jahren nach Südafrika verschifft und dort bei Handwerkern in die Lehre gegeben hat, die sieben Jahre dauerte und mit einem Wochenlohn von sechs Pennies (davon mußte die Hälfte noch gespart werden!) sowie freier Kost und Logis entgolten wurde. Nichts davon scheint in meinen Roman zu passen, aber der Appetit kommt beim Essen, und die Überraschungen, die ich häufig beim Schreiben erlebt habe, haben mich vorsichtig gemacht und gelehrt, daß nichts wirklich unwichtig ist, solange ich nicht den letzten Satz eines Romans geschrieben habe.

Mrs. Fanarof bedauert mehr als einmal (da ich eben auch mehr als einmal versuche, sie zu einer Ausnahme zu überreden), daß ihr die Hände gebunden seien und sie mir den Gefallen leider nicht tun könne.

Ich habe das Gefühl, daß es schon einen Weg gäbe, wenn sie sich nur etwas stärker engagieren würde. Und plötzlich erinnere ich mich an das Gespräch gestern mit der jungen deutschen Frau Anfang Zwanzig, deren Mutter im *Vineyard Hotel* eine kleine Geschenkboutique betreibt und die mir erzählte, daß sie bald nach Johannesburg ziehen werde.

Ich war überrascht. »Sie gehen freiwillig aus Kapstadt weg?«

Sie lachte. »Ich weiß, das klingt nicht sehr vernünftig, weil man hier doch alles hat, was man sich nur wünschen kann: jede Menge Strände, ein mildes Klima, eine schöne Stadt, ein internationales Flair und tausend Freizeitmöglichkeiten.«

»Genau«, pflichtete ich ihr bei.

»Aber die Menschen sind hier oberflächlicher als in Johannesburg und viel zu sehr mit sich selbst beschäftigt, um sich ernsthaft für andere zu interessieren«, teilte sie mir ihre Erfahrungen mit. »Ich glaube, das hängt damit zusammen, daß diese Stadt so viel bietet, so viel Abwechslung und Zerstreuung. In welcher anderen Stadt kann man sich denn noch nach Büroschluß an den Strand legen oder sich mit Surfen, Segeln und was weiß ich noch alles amüsieren? Und das ist ja bloß ein kleiner Teil des riesigen Freizeitangebotes, das Kapstadt und das Hinterland zu bieten haben. Die Menschen hier sind einfach zu sehr mit sich selbst und dem, was sie noch alles tun sollen, in Anspruch genommen, um auf andere einzugehen.«

»Interessant. Und in Johannesburg?«

»Da führt ein vergleichsweise eher mageres Freizeitangebot dazu, daß man irgendwo privat zusammenkommt, Zeit füreinander hat, sich unterhält und nicht immer von einer irren Sache zur anderen hetzt. Auf der einen Seite mag das langweiliger sein, aber dafür geben einem die Menschen dort auch mehr. Und der Kontakt mit Menschen, die nicht so oberflächlich und flatterhaft sind wie die Kapstädter, ist mir allemal wichtiger.«

Dieses Gespräch geht mir durch den Sinn, als ich mich frage, was denn nun mit dieser Bibliothekarin anders ist, obwohl doch auch sie überaus freundlich und hilfsbereit ist. Ich komme zu dem Schluß, daß wirklich das gewisse Quentchen *persönliches* Engagement fehlt.

»Versuchen Sie doch, ob Sie in den Antiquariaten nicht einige dieser vergriffenen Bücher auftreiben können«, rät sie mir wohlmeinend. »Kapstadt ist bekannt für seine exzellenten Antiquariate.«

Und für seine Preise! Darauf hat man uns schon in Grahamstown hingewiesen. Aber einige der Bücher muß ich einfach haben, und so machen wir uns nach der Arbeit in der Bibliothek in den Antiquariaten auf die Suche nach ihnen. Den meisten Erfolg haben wir in der Long Street, wo sich besonders viele Antiquitätenläden und Antiquariate angesiedelt haben, aber hier sind die Preise auch am höchsten. Ein buchstäblich teurer Rat, den die Dame uns da gegeben hat. Die *Grand Parade*, obwohl erst 1969 erschienen und somit gar kein altes Buch, würde, wie wir erfahren, nicht unter 250 Rand zu haben sein, ist aber momentan nicht aufzutreiben. Und gerade von diesem Buch verspreche ich mir viel!

Das Wochenende beginnt mit einem morgendlichen Regenschauer. Nicht das ideale Wetter, um doch noch mal zum Kap der Guten Hoffnung hinauszufahren. Deshalb beschließen wir, einen Ausflug ins Weinland nach Paarl zu machen. Der Ort zählt zu den ältesten Siedlungen des Hinterlandes und liegt an den Ufern des Berg River. Hier und in den umliegenden Tälern haben sich im 18. Jahrhundert besonders viele Hugenotten angesiedelt und mit ihren Weingütern die Grundlagen der heute erstklassigen südafrikanischen Weinindustrie gelegt.

Bis nach Paarl ist es nicht viel mehr als eine halbe Stunde mit dem Auto. Doch als wir dort eintreffen und am Ortseingang den Berg zum *Afrikaans Language Monument*, dem sehenswerten und überaus modernen, fast schon futuristisch anmutenden Denkmal der

Am Ortseingang von Paarl steht das Afrikaans Language Monument.

afrikaansen Sprache (ja, Südafrikaner schreiben »afrikaans« mit einem doppelten a), hinauffahren, meint es der Wettergott nicht allzu gut mit uns. Er schickt uns kalten Nieselregen. Und so fällt auch unsere Besichtigung von Paarl buchstäblich ins Wasser.

Erst als wir zum Weingut Boschendal (Besuch, Weinprobe und vor allem der Lunch sind einfach ein Muß!) und von dort über Stellenbosch zurück nach Kapstadt fahren, verwandelt sich der regengraue Himmel in ein strahlendes südafrikanisches Blau.

Molefes Traum

Wir nutzen den Rest des wieder sonnigen Nachmittages, um uns die *Victoria & Alfred Waterfront* anzusehen, die zu den neuen Attraktionen von Kapstadt gehört.

Hier ist den Planern ein wirklich großer Wurf gelungen, nämlich die Umgestaltung der alten Dockanlagen in ein lebendiges Hafenviertel mit zahlreichen netten Restaurants, Geschäften und Sehenswürdigkeiten aller Art. In den liebevoll restaurierten Lagerhallen und ehemaligen Kontoren findet man unter anderem ein maritimes Museum, Boutiquen, Galerien, Kneipen und Bars mit Live-Musik sowie ein kleines Amphitheater für die unterschiedlichsten Freilichtvorstellungen und vieles andere mehr, was immer wieder einen Besuch lohnt. Und das Besondere an der *Victoria & Alfred Waterfront* ist, daß der alltägliche Schiffahrtsbetrieb des Hafens mit seinen Ladekränen, ein- und auslaufenden Kuttern, Frachtern, Küstenwachbooten, Segelbooten und Jachten nicht ausgegliedert worden ist, sondern weiterhin fester Bestandteil dieses Hafenviertels geblieben ist. Liebhaber von Schiffen und Hafenatmosphäre kommen hier also genauso auf ihre Kosten wie Besucher, die sich mehr für Shopping oder eine bunte Restaurant- und Kneipenszene interessieren.

Gleich neben dem *Maritime Museum* ist in einer großen Halle der *Art & Craft Markt* mit seinen mehr als hundert einzelnen Verkaufsständen und -boxen untergebracht. Das Angebot umfaßt Kunst und Kitsch, Ramsch und Rariäten.

Victoria & Alfred Waterfront in Kapstadt. Alte Dockanlagen sind hier zu einem lebhaften Hafenviertel umgestaltet worden.

Die Bilder des schwarzen Malers Boy Molefe, dessen Atelier und Ausstellungsraum direkt neben der Hintertür nicht mehr als drei Meter im Quadrat umfassen, sind je nach dem Kunstverständnis des Betrachters irgendwo in der Grauzone zwischen Kunst und überdurchschnittlich talentiertem Handwerk anzusiedeln. Er hat ein Dutzend Ölbilder ausgestellt. Seine naturalistischen Bilder afrikanischer Tiere sind beachtlich, doch noch mehr gefallen uns seine kleinformatigen Landschaften.

Da wir leidenschaftliche Sammler von Gemälden aller Art sind und der Künstler für seine Werke sehr bescheidene Preise verlangt, die zwischen hundert und dreihundert Rand liegen, brauchen wir nicht lange, um uns für zwei dieser Ölbilder zu entscheiden. Bei dem Gedanken, daß jeder Rahmen, der aus den Landschaften kleine Schmuckstücke machen soll, später mehr kosten wird als beide Gemälde zusammen, ist mir ein wenig unwohl. Aber mehr zu bezahlen, als verlangt wird, liegt mir auch wieder nicht im Blut. Boy Molefe freut sich sehr über unsere Freude an seinen Bildern, und es entwickelt sich ein angeregtes Gespräch, das natürlich, wie alle Unterhaltungen in Südafrika, früher oder später in die Politik mündet.

Es überrascht uns sehr, daß er de Klerk für einen anständigen Politiker hält und ihn als Segen für Südafrika bezeichnet, und das ausgerechnet jetzt, da seine Regierung von einigen schwarzen Gruppierungen indirekt für das Massaker in der Ciskei mitverantwortlich gemacht wird.

»Ja, eine gewisse Mitverantwortung für die Gewalttätigkeiten der letzten Zeit zwischen den Schwarzen trägt de Klerks Regierung schon«, räumt er ein. »Denn die weißen Regierungen haben ja über viele Jahrzehnte hinweg bewiesen, daß sie sehr wohl in der Lage waren, uns Schwarze zu kontrollieren. Die Macht von Polizei und Militär ist noch immer ungebrochen. Wenn sie wollten, könnten sie das Morden zwischen Zulus und Xhosas auch jetzt noch verhindern.«

»Und dennoch nehmen Sie de Klerk in Schutz?«

»Ja, weil ich weiß, daß er es tun würde, wenn er so handeln könnte, wie er wollte. Aber der Druck der Konservativen in seiner eigenen Partei zwingt ihn dazu, nach einigen großen Schritten in die richtige Richtung auch mal auf der Stelle zu treten. Das ist schade, aber man darf nicht vergessen, wie dieses Land für uns Schwarze einmal ausgesehen hat. Ich bin jetzt achtunddreißig, bin also in der Zeit der strikten Apartheid aufgewachsen und habe sie auch als Erwachsener erdulden müssen.«

Und er erzählt freimütig und gestenreich, wie das Leben für einen Schwarzen noch vor wenigen Jahren ausgesehen hat. Und es kümmert ihn nicht, daß viele Weiße in unserer Nähe stehenbleiben und unserer Unterhaltung zuhören, jedoch nicht mit grimmigen Mienen, sondern mit überwiegend ernstem, nachdenklichem Ausdruck.

Es sind häßliche Geschichten, die Boy Molefe aus seinem Leben erzählt. »Ich kann mich gut an die Zeit erinnern, als uns tagtäglich unsere angebliche Minderwertigkeit vor Augen geführt wurde. Bänke, auf die wir uns nicht setzen durften, weil sie nur Weißen und Europäern vorbehalten waren. Hotels und Restaurants, Strände und Parkanlagen, die zu betreten uns verwehrt war. Das Verbot der

Mischehen und die Verbannung in die schwarzen Stadtteile. Das Leben war eine einzige endlose Kette von Verboten und Demütigungen. Jeder weiße Halbwüchsige konnte jeden Schwarzen, ob alt oder jung, Mann oder Frau, dazu zwingen, den Gehsteig zu räumen und auf die Straße zu treten, um ihn vorbeizulassen, auch wenn noch Platz für zehn andere auf dem Bürgersteig war. Ich habe wenig Schulbildung genossen und mich mit vielen Jobs durchgeschlagen, aber jeder Weiße war von vornherein ein *Baas*, ein mächtiger Mann, während ich immer nur der schwarze Boy war, auch noch mit dreißig Jahren. Oft genug haben junge weiße Burschen in Gruppen nichts unversucht gelassen, um unsereins zu demütigen, und die Polizei hat nicht nur tatenlos zugesehen, sondern sich darüber noch amüsiert und nur darauf gewartet, daß wir ihnen irgendeinen Vorwand gaben, um uns verhaften zu können. Einmal haben sie mich ins Gefängnis gesteckt, weil ich das Papier, das mir den Aufenthalt in der Stadt erlaubte, nicht bei mir gehabt habe. Ich habe eine Zelle mit richtigen Verbrechern teilen müssen. Ach, ich könnte stundenlang davon erzählen. Es war eine sehr schlimme Zeit.«

»Und darüber sind Sie nicht verbittert?« wundere ich mich. »Sie müssen doch einen Haß auf alle Weißen haben.«

Er schüttelt den Kopf. »Nein, den habe ich nie gehabt, es war eher ohnmächtige Wut und auch mal Hoffnungslosigkeit, nie jedoch Haß. Vielleicht hat mir die Malerei dabei geholfen, nicht so pauschal über die Weißen zu urteilen wie sie über uns. Und in den letzten Jahren hat sich ja auch viel verändert.«

»Auch die weißen Südafrikaner?«

»Ja, es hat einen großen, spürbaren Wandel gegeben«, sagt er ohne Zögern. »Weißen Rassisten begegnet man nur noch selten.«

»Weil sie ihren Rassismus heute besser tarnen?«

Boy Molefe überlegt einen Augenblick. »Nein, das glaube ich nicht. Ich glaube eher, daß die meisten hinzugelernt und eingesehen haben, daß die Apartheid Unrecht war und wir dieselben Rechte haben müssen wie jeder andere, der in diesem Land lebt. Vielleicht ist die Stimmung in den Provinzen auf dem Land ein wenig anders, aber hier in Kapstadt und in anderen Städten ist es den Weißen mit dem Reformprozeß wohl ernst. Es geht ja auch gar nicht anders, wenn Südafrika zu sich finden will.«

»Und wird es gelingen?«

»Das hängt weniger von den Weißen als von uns Schwarzen ab«, lautet seine Einschätzung. »Es gibt bei uns zu viele Richtungen, die nicht nur politisch miteinander konkurrieren, sondern ihre Überzeugungen auch mit Gewalt durchsetzen wollen. Egal, wie die Parteien und Gruppierungen auch heißen, sie machen alle den fatalen Fehler, für *alle* Schwarzen in diesem Land sprechen und sie später natürlich auch regieren zu wollen, und das ist das große Übel, denn so wird es nie einen vernünftigen Kompromiß geben. Der ANC, der ja nur eine Partei ist, hat nicht einmal alle Xhosas auf seiner Seite.«

»Was meinen Sie damit, der ANC sei ›nur‹ eine Partei?«

»Bei uns Schwarzen gilt ein Mann nur etwas, wenn er Land und Vieh besitzt«, erklärt Molefe. »Von meinem Geld kaufe ich Vieh für meine Familie, das bringt Sicherheit und Ansehen und Selbstachtung. Aber die Anhängerschaft des ANC ist über das ganze Land verstreut und besteht zum größten Teil aus Schwarzen, die ohne eigenen Grund und Boden in den Townships leben. Und Nelson Mandela hat im Gegensatz zu Buthelezi kein wirkliches Stammesland vorzuweisen, eben weil der ANC eine Partei ist, die Anhänger in allen Teilen des Landes hat. Buthelezi dagegen regiert über das KwaZulu-Land, wenn auch nicht alle Zulus hinter ihm stehen.«

»Daß sich die Zulus nicht von den Xhosas werden regieren lassen und umgekehrt, haben wir schon des öfteren gehört.«

»Ja, aber es ist noch viel komplizierter, weil es viele andere Stämme gibt, die weder Zulus noch Xhosas leiden können«, fährt Molefe fort.

»Und wo stehen Sie?«

»Ich will nicht, wie es die Xhosa mit ihren Gegnern tun, mit einem brennenden Autoreifen um den Hals enden, und ich will auch nicht von Zulu-Speeren abgestochen werden, nur weil ich anderer Meinung bin als sie. Ich will keine Diktatur wie in Mosambik oder Zimbabwe haben. Der einzig erfolgversprechende Weg, den ich sehe, ist Sicherheit für *jeden* Stamm und Repräsentation *aller* Parteien und Volksgruppen in der Regierung«, erklärt er mit leidenschaftlichem Engagement. »Das gilt natürlich auch für die Weißen. Sie müssen sich hier genauso sicher und angemessen vertreten fühlen wie jeder andere auch, sonst gibt es ein wirtschaftliches Desaster. Was wir deshalb brauchen, ist so ein Föderalismus, wie ihr ihn in Deutschland habt, wo jedes Land seine eigene Regierung hat. Soll doch Mandela über die Transkei und Buthelezi über Zulu-Land und eine Koalition aus Weißen, Mischlingen und Schwarzen die Kapkolonie regieren.«

»Und wer soll dann die Bundesregierung in Pretoria stellen?«

»Auf jeden Fall nicht die Vertreter nur eines Stammes!« betont er noch einmal.

Ich mache eine skeptische Miene und sage, daß ich nach all dem Haß und der Gewalt zwischen den Schwarzen eine solche Lösung doch für recht unwahrscheinlich halte.

Ein hintergründiges Lächeln tritt auf sein Gesicht. »So vieles, was ich einmal für unmöglich gehalten habe, ist plötzlich Wirklichkeit geworden. Ich habe immer davon geträumt, einmal ein richtiger Maler zu sein und meine Familie mit meinen Bildern ernähren zu können. Dieser Traum ist Wirklichkeit geworden. Ich habe auch davon geträumt, eines Tages in einem solchen Gebäude meine Bilder ausstellen und verkaufen zu können. Nun bin ich der erste Schwarze hier im *Art & Craft Markt* mit seinem eigenen permanenten Stand. Als ich meine ersten Bilder unter diesem Dach verkaufte, da träumte ich davon, statt dieses Bretterverschlages in einem der schönen neuen Geschäftspassagen einmal eine richtige kleine Galerie zu haben. Nächstes Jahr wird auch dies Wirklichkeit werden. Warum also soll dieser Traum, daß Weiße und Schwarze und wir Schwarzen untereinander zu einem friedlichen Zusammenleben kommen, nicht auch in Erfüllung gehen?«

Ja, warum nicht?

Von irgendeinem klugen Kopf, dessen Name mir entfallen ist, stammt der Satz: »Träume, wenn sie nur von vielen geträumt werden, verändern die Welt.«

Wir wünschen, daß viele, Schwarze wie Weiße, Boy Molefes Traum teilen.

Boschendal

Bei makellos sonnigem Wetter fahren wir am Sonntag noch einmal ins umliegende Weinland hinaus. Uns zieht es nach Boschendal zurück. Das alte Weingut (1713 gegründet und jetzt ein Geschäftszweig der *Anglo American Corporation of South Africa*, der das halbe Franschhoek Valley gehört) liegt zu Füßen des mächtigen Drakenstein-Berges und hebt sich mit seinen strahlend weißen, reetgedeckten Gebäuden, im typisch kapholländischen und giebelverliebten Baustil gehalten, sehr eindrucksvoll von der nicht weniger beeindruckenden Kulisse der Berge ab. Die mit enormem Aufwand und viel Liebe zum Detail restaurierten Gebäude lohnen eine Besichtigung, ganz besonders das Herrenhaus mit seinem H-förmigen Grundriß, das von der Küche bis zur Schlafkammer so eingerichtet ist, wie ein wohlhabender kapholländischer Gutsbesitzer zu Beginn des 19. Jahrhunderts gelebt hat.

Wenn schon die Anlage architektonisch und kunsthistorisch einen Besuch lohnenswert macht, so kann man den Lunch, der im Sommer im Freien unter den schattigen Bäumen um einen schmiedeeisernen Pavillon und in den kühleren Monaten in einem der früheren Wirtschaftsgebäude serviert wird, nur eine lukullische Offenbarung nennen. Man muß sich für dieses Büfett, das an Qualität wie Vielfalt alles übertrifft, was Helga und ich jemals an Gaumenfreuden erlebt haben, mindestens einen Tag vorher anmelden, denn dieses sogenannte Luncheon für etwa hundert Personen wird förmlich zelebriert. Es beginnt damit, daß man sich gegen kurz nach zwölf im Vorraum, der ehemaligen Milchkammer, einfindet, und sich kostenlos mit Champagner, Wein oder Sherry (natürlich alles Boschendal-Erzeugnisse) auf das vor einem liegende Essen gebührend einstimmt. Kurz vor eins wird dann zu Tisch gebeten, wobei jeder Gast persönlich zu seinem Tisch geleitet wird, ohne daß es dabei steif und förmlich zuginge. Der rustikale Raum mit den weißgetünchten Wänden und einer Binsendecke über schwerem Gebälk ist mit einer Flut von Rosen geschmückt, und die Tische sind liebevoll und mit großem Geschmack gedeckt. Dieses Boschendal-Luncheon, das bis halb drei dauert, ohne daß wir merken, wie

Boschendal ist ein altes Weingut. Das Herrenhaus mit H-förmigem Grundriß gibt einen guten Eindruck vom Leben eines holländischen Gutsbesitzers Anfang des 19. Jahrhunderts am Kap.

schnell die Zeit vergeht, ist überwältigend. Eine Liste all der kalten und warmen Speisen, die auf schweren alten Holztischen stilvoll aufgetragen werden, würde ein Dutzend Zeilen füllen. Und damit wäre noch nichts über ihre überragende Qualität ausgesagt. Und dann erst die Weine!

Aber nicht einmal jetzt vergesse ich, warum wir diese Reise machen. Wir sind hier, um Informationen zusammenzutragen, und wer weiß, ob ich nicht mal auf die Idee komme, in meinem Roman einen Weinbauern auftreten zu lassen? Also nutze ich die Gelegenheit, indem ich die Managerin des Restaurants (das übrigens nur diesen Lunch serviert) anspreche, ihr von meinem Projekt erzähle und anfrage, ob nicht eine private Führung über die Ländereien des Weingutes und Einblick in alte Dokumente möglich wären.

Wie der Zufall es will, ist Carrol Adams, die Leiterin der Public-Relation-Abteilung der *Anglo American Corporation*, an diesem Sonntag ebenfalls zum Lunch gekommen. Sie bemüht sich sofort zu uns an den Tisch und zeigt sich meinen Wünschen gegenüber sehr aufgeschlossen.

»Aber das machen wir doch gerne, Mr. Schröder. Leider habe ich morgen den ganzen Tag Sitzungen mit Geschäftsleuten aus Übersee. Aber ich werde dafür sorgen, daß meine Assistentin, La Whitehead, morgen zu Ihrer Verfügung steht und Ihnen alles zeigt«, verspricht sie.

Nach diesem unvergeßlichen kulinarischen Ereignis fahren wir noch einige Stunden durch das Weinland. Dabei sind wir von der landschaftlichen Schönheit des Franschhoek-Tales so sehr angetan, daß wir beschließen, zumindest eine Nacht hier zu verbringen.

Am Montagmorgen verlassen wir Kapstadt und quartieren uns, auf Empfehlung der Leiterin des Boschendal-Restaurants, im nahegelegenen Franschhoek in der *Auberge du Quartier Français* ein. Dieses kleine, höchst intime Landhotel mit seinen nur vierzehn suiteähnlichen Zimmern ist um einen viktorianischen Garten mit kleinem Pool angelegt und ein wahres Paradies der Stille, der Blumenpracht und eines unaufdringlichen Komforts der Spitzenklasse – und das zu sehr annehmbaren Preisen.

La Whitehead, eine junge und sehr kenntnisreiche Dame, die vorher bei einer Tageszeitung gearbeitet hat, nimmt sich wie versprochen unser an. Mit dem Geländewagen geht es nun stundenlang kreuz und quer durch die Weinberge und Obstplantagen der *Anglo American Corporation*. Den überaus informationsreichen wie geschäftigen Tag lassen wir mit einer sehr ausgedehnten Weinprobe und einem intimen Abendessen im kleinen Restaurant unseres Hotels ausklingen.

Mit Einbruch der Dunkelheit ist es wieder kalt geworden. Wie behaglich ist es da, in unserem Zimmer einen Kamin zu haben, in dem Anmachholz und trockene Scheite schon aufgeschichtet sind, nur darauf warten, angezündet zu werden und unter fröhlichem Prasseln angenehme Wärme zu verbreiten.

»Das ideale Hotel, um seine Flitterwochen oder ein romantisches Wochenende zu verbringen«, sagt Helga, und wir kuscheln uns in die weichen Betten, während das Feuer im Kamin das Zimmer in einen warmen roten Schein taucht.

Rausch und Ernüchterung

Groß, sehr groß ist die Versuchung, noch ein paar Tage in der *Auberge* zu bleiben und im Franschhoek-Tal ein bißchen Urlaub zu machen, zumal als uns am Morgen, keine zehn Minuten nach unserem Anruf, ein wunderbares Frühstück mit Lachs und anderen Köstlichkeiten ans Bett gebracht wird (ja, von schwarzen Bediensteten!).

Aber das ist leider nicht möglich.

»Wir können nicht einmal einen Tag abzweigen, dafür ist unser Programm einfach zu ausgefüllt«, bedaure ich, als wir bei prasselndem Kaminfeuer frühstücken und überlegen, ob wir uns hier ein, zwei faule Tage gönnen können. »Wir wollen doch noch genug Zeit für Zimbabwe und vor allem für unseren Aufenthalt bei Willy in Botswana haben.« Außerdem warten neue Archive, und eine Diamantenmine lockt.

»Dann bleibt es also dabei, daß wir heute nach Kimberley weiterfahren?«

»Ja, wir müssen. Es ist ein langer Weg.« Kimberley liegt gute tausend Kilometer weiter im Nordosten. Wir wollen die Strecke in zwei gemächlichen 500-Kilometer-Tagestouren bewältigen, zumal wir an diesem Morgen lange herumtrödeln und erst spät in die Gänge kommen. Ich muß der reizenden Rezeptionistin des kleinen Landhotels zudem noch einige Briefe diktieren und per Fax an die Verwaltung des *Kruger National Parks* nach Johannesburg und Nelspruit im Transvaal schicken, weil ich mit einem Parkranger im Busch auf Patrouille gehen möchte. Ob das jedoch klappt, steht noch sehr in den Sternen.

Jedenfalls ist es schon nach elf Uhr, als wir Franschhoek schweren Herzens verlassen und auf der N 1 nach Nordosten fahren. Statt den Gebirgszug der Groot Drakensteinberge auf der Paßstraße zu überqueren, nehmen wir den gebührenpflichtigen Tunnel, der über vier Kilometer lang ist und uns viel Zeit spart. Als wir auf der anderen Seite in einer schmalen Schlucht mit steil aufragenden Wänden wieder ans Tageslicht gelangen, läuft uns ein ausgewachsener Pavian im wahrsten Sinne des Wortes über den Weg.

Nach fünfzehn Kilometern öffnet sich das enge Tal, und wir sehen uns ringsum von tiefgestaffelten Bergrücken umgeben, deren Gipfel zum Teil noch mit Schnee bedeckt sind. An den Straßenrändern blühen in großen weißen, roten und gelben Kissen die Namaquablumen, während in der Ferne die schneebedeckten Gipfel im Sonnenlicht leuchten.

»Eines der eindrucksvollsten Erlebnisse in Südafrika sind die Berge«, notiert Helga im Tagebuch. »Immer und immer wieder stoßen wir auf Bergketten, eine hinter der anderen, sowie auf einzelne spitze Felskolosse und auf Tafelberge, die aus Ebenen und Hochplateaus aufragen. Die Gebirgszüge sind kaum noch auseinanderzuhalten, so schnell folgen sie aufeinander: die Hex River Mountains, die Hottentoten Hollands, die Berge der Kleinen und Großen Karroo, die Nuuveldberge, die Grootswartberge...«

Je weiter wir uns von den fruchtbaren Tälern rund um Kapstadt entfernen und je tiefer wir in die Große Karroo vordringen, desto stärker verändert sich die Landschaft. Sie verliert ihr frisches grünes Kleid und hüllt sich in einen sehr schmucklosen, sandfarbenen Überwurf.

Halbwüste umgibt uns, so weit das Auge blicken kann. Sandiger Boden, niedrige Gewächse, Dornensträucher, hier und da einmal ein paar Akazien. Und kaum noch Siedlungen. Die endlose Weite Afrikas hat uns wieder – und sie schlägt uns in ihren Bann, nimmt wie eine Droge von uns Besitz und läßt keinen Raum für Müdigkeit.

Eigentlich wollten wir uns ja auf halber Strecke, irgendwo hinter Beaufort West, ein Hotel suchen und am frühen Nachmittag des nächsten Tages in Kimberley eintreffen. Doch kaum haben wir um halb vier in Beaufort West aufgetankt, da zieht es uns auch schon wieder zurück in die grandiose Einsamkeit der Straße.

Es ist in der Tat ein Rausch, der uns erfaßt hat. Wir sind das einzige Auto weit und breit und haben das Gefühl, schwerelos dahinzufliegen, einem verheißungsvollen Horizont entgegen, der immer wieder von einem neuen, ebenso verlockenden Ziel in der Ferne abgelöst wird. Immer und immer wieder erklimmen wir Bergkuppen, um dahinter mit dem Panorama auf eine neue grandiose Ebene mit wieder anderen Bergen am Horizont belohnt zu werden.

Das Fahren wird zur Droge, und sie wirkt auf uns beide gleichermaßen. Manchmal vergeht eine halbe Stunde und mehr, ohne daß wir ein Wort wechseln. Dabei fühlen wir uns jedoch sehr nahe, haben wir diese stumme Art geistiger Übereinstimmung und gemeinsamen Erlebens doch schon häufig erlebt. Jeder weiß, was in dem anderen vor sich geht, und es bedarf keiner Worte, um die eigenen Empfindungen über die Großartigkeit dieser Landschaft mit dem anderen zu teilen.

Die Landschaft fliegt wie ein Film, schnell und zugleich doch auch wie im Zeitlupentempo, an uns vorbei. Das weite, braune Meer sonnenverbrannten Grases. Berge wie Kamelhöcker. Einsame Farmen. Schafe und Rinderherden weit draußen auf dem Veld. In der Sonne silbrig blitzende Windräder. Kakteenfelder. Brusthohe Termitenhügel zu Hunderten. Tafelberge, die sich wie die Torten eines Riesen in der endlosen Weite ausnehmen. Ein blasser Mond, der schon um halb fünf tief über dem kargen sandbraunen Land hängt und sich mühsam den Himmel hochkämpft. Dann und wann eine Ortschaft. Steine, Steine, Steine. Windräder. Das schwarze Asphaltband und die Strommasten, zwei parallele Linien, die sich in der Unendlichkeit des Horizontes treffen.

17 Uhr 20. Bristown. Eine größere Ortschaft im Niemandsland. Schnell Auftanken, auf die Toilette, ein paar Getränke kaufen und dann nichts wie aus dem Ort raus und wieder hinaus auf die Landstraße, in die Einsamkeit und Stille, in der das monotone Dröhnen des Motors und das Singen der Räder auf dem Asphalt gar nicht mehr ins Bewußtsein vordringt.

Noch 240 Kilometer bis Kimberley. Immer geradeaus. Schnurgerade. Steiniges Land. Hier und da Gras. Ein Schild am Straßenrand, das auf einen Wassertank in einer Parkbucht für Notfälle hinweist. Daneben zwei, drei Bäume. Der einzige Schatten im Umkreis von vielen Kilometern. Die Zink- und Blechflügel der Windräder schimmern nun rotgolden im Licht der untergehenden Sonne. Ein Flammenmeer steigt im Westen in den Himmel und wälzt sich über die Ebenen wie eine Lavaflut.

18 Uhr 15. Noch immer glimmt der westliche Horizont rotviolett. Das Grasland leuchtet ein letztes Mal auf. Dann legt sich Dunkelheit über das Land, und plötzlich flammen in der Weite der scheinbar menschenleeren Halbwüste Lichter auf und verraten uns die Positionen der einsam gelegenen Farmen und Gehöfte.

Dieser faszinierende Rausch von tausend Kilometern findet um halb acht sein Ende, als wir die Vororte von Kimberley erreichen. Tausend Kilometer in acht Stunden. Es war ein einzigartiges Erlebnis, eine Art Wachtraum, aus dem wir nur sehr langsam und widerwillig zu uns kommen.

Auf das Hochgefühl dieses Rausches folgt jedoch die Ernüchterung, als wir im Zentrum von Kimberley (160 000 Einwohner) vor dem *Savoy Hotel*, einem traditionsreichen Hotel mit leicht verblaßtem Glanz, halten und erfahren, daß kein Zimmer mehr frei ist.

»Wir haben ein Zimmer für Sie reserviert, aber erst von morgen an«, teilt uns die freundliche, aber sichtlich verwirrte Besitzerin mit, und es ist ihr sichtlich unangenehm. »Haben wir da etwas falsch verstanden?«

Nein, uns hatte nur der Rausch gepackt.

Die Lage ist noch ernster, als wir im ersten Moment glauben. Denn nicht nur das *Savoy Hotel*, sondern *alle* Hotels und Motels in Kimberley und Umgebung sind ausgebucht.

»Wir haben gerade einen Kongreß. Oft kommt so etwas nicht vor, aber heute nacht werden Sie in dieser Stadt kein anständiges Zimmer mehr finden . . . es sei denn, einer unserer fest gebuchten Gäste erscheint nicht«, sagt sie und schaut in ihrem Belegungsbuch nach. »Zwei Herren, für die ich ein Zimmer freigehalten habe, sind noch nicht eingetroffen. Ein Amerikaner, der aus San Francisco einfliegt, und ein Gentleman aus Kapstadt.«

Wir schöpfen wieder Hoffnung und warten auf ein kleines Wunder, während die Besitzerin sich wider besseres Wissen die Mühe macht, mindestens ein Dutzend Hotels anzurufen, ob bei ihnen vielleicht unverhofft ein Zimmer freigeworden ist.

Fehlanzeige.

Gegen neun Uhr sind die beiden Herren immer noch nicht eingetroffen. Unsere Hoffnung wächst – wie auch unsere Müdigkeit.

Doch dann trifft der Gast aus Kapstadt doch noch ein, und zwei Telefonate mit dem Flughafen bringen die Bestätigung, daß auch der Amerikaner eingetroffen ist und uns kaum sein Zimmer überlassen wird.

»Dann werden wir wohl im Wagen schlafen müssen«, meint Helga fatalistisch.

»Versuchen Sie es doch mal im *Queens* und im *New Grand Hotel*«, rät uns die Besitzerin, fügt aber mit einigem Nachdruck hinzu: »Es wird Ihren Ansprüchen mit Sicherheit nicht entsprechen, aber für eine Nacht... Nun, wenn alle Stricke reißen, können Sie sich mit Ihrem Wagen bei uns in den Hinterhof stellen und dort die Nacht verbringen.«

»Schauen wir uns die beiden Schuppen wenigstens mal an«, schlage ich vor.

Das *Queens* ist ein uralter Kasten, und der im Hotel untergebrachte Nachtclub ist Treffpunkt einer ganz besonderen Sorte von Menschen. Ein schwarzer Portier sitzt in einem vergitterten Verschlag in der Halle, in der man fast schreien muß, um die laute Musik aus dem Nachtclub zu übertönen.

Ja, er hat noch ein paar nette Zimmer frei, erfahren wir. Doch unserer Bitte, uns sein bestes doch erst einmal zu zeigen, bevor wir uns entscheiden, hierzubleiben, kommt er nur mit stummem Verdruß nach. Er holt einen Schlüssel und geht mit uns zu einem Treppenaufgang, der sich gleich neben dem Eingang zum Nachtclub befindet und der von einem zwei Meter hohen, stählernen Faltgitter versperrt ist.

»Ich denke, Sie wollten uns das Zimmer zeigen?« fragte ich erstaunt.

»Hier geht es zu den Zimmern.«

»Ach nein! Darf ich fragen, wozu das Gitter gut sein soll?« frage ich, schon von dunkler Ahnung erfüllt.

Er zuckt die Achseln. »Na, um Betrunkene und Diebe und solches Pack abzuhalten«, lautet seine gelassene Antwort.

Ein scharfer Blick auf das Gitter sagt mir, daß jeder, der wirklich nach oben will, über dieses Gitter steigen kann. Die Querstreben laden doch wie die Sprossen einer Leiter ein.

Es dauert eine ganze Weile, bis er das Schloß aufbekommen und das klemmende Gitter so weit aufgezerrt hat, daß wir durch eine Lücke nach oben gehen können.

»Schon dieser Geruch!« flüstert Helga voller Abscheu.

Ein Blick in das Zimmer genügt, um uns von dem letzten Hauch eines Gedankens, hier vielleicht doch nächtigen zu können, zu kurieren. Die Betten, der Boden – igitt! Ein zweiter Blick könnte hier zu Ausschlag aus Ekel führen.

»Die Toiletten sind am Ende des Flurs, rechts für Ladies und links für Gentlemen«, nuschelt der Schwarze.

Gentlemen und Ladies? Die merkwürdigen Gestalten, die uns im Flur begegnen und sich im Aufenthaltsraum vor einem scheppernden Fernseher lümmeln, lassen sich auch bei allergrößtem Wohlwollen nicht mit den Begriffen Gentlemen und Ladies irgendwie in Einklang bringen.

Wir treten den Rückzug an. »Danke, aber das ist doch nicht ganz das, was uns vorschwebt«, sage ich, und wir versuchen unser Glück ein paar Blocks weiter im *New Grand Hotel.*

Also neu war das Hotel vielleicht mal zwischen dem Ersten und Zweiten Weltkrieg, aber Grand nicht einmal dann. Aber immerhin beherbergt es keinen zweifelhaften Nightclub, und Treppenaufgänge sind nicht mit Gittern verrammelt. Die Halle und das dort versammelte Publikum wirken zwar nicht gerade herzerwärmend einladend, lassen aber andererseits doch auch nicht gleich den Wunsch nach griffbereitem Schlagring und Revolver aufkommen. Dieses Hotel liegt doch einige beruhigende Nuancen über dem Niveau hoffnungsloser und zwielichtiger Absteiger.

Unser Zimmer verfügt zumindest über ein eigenes Bad, wenn auch die fleckigen sanitären Anlagen mit ihren braunen Rostwasserstreifen unseren hygienischen Ansprüchen nicht sehr nahe kommen. Aber mittlerweile ist es kurz vor elf, und wir nehmen das Zimmer.

Glücklicherweise haben wir noch eine halbe Flasche Brandy. Der Gepäckträger, den ich unten in der Halle wiedertreffe und danach frage, wo ich zwei Cola und Eis herbekommen kann, gibt mir die vielsagende Antwort. »Drüben in der Bar. Aber da sollten Sie besser nicht hineingehen. Geben Sie mir das Geld. Ich besorge Ihnen Cola und Eis.« Wie nett, denke ich.

Oben im Zimmer stelle ich einen Stuhl unter die Türklinke, dahinter einen unserer schweren Koffer, und leere mit Helga die halbe Flasche Brandy. Wir trinken uns Mut an, die Nacht hier zu verbringen.

Ohne auch nur ein Kleidungsstück auszuziehen, die Schuhe ausgenommen, legen wir uns schließlich aufs Bett und warten, daß uns der Schlaf unsere Umgebung vergessen läßt.

Am nächsten Morgen begnügen wir uns mit einer Katzenwäsche und verzichten dankend auf das im Preis inbegriffene Frühstück. So schnell wir können, verlassen wir das *New Grand Hotel* und checken im *Savoy* ein, wo uns die mitfühlende Besitzerin eine Suite zum Preis eines normalen Doppelzimmers überläßt. Nach einer ausgiebigen Dusche fühlen wir uns wieder wie neugeboren.

Alle Kleidungsstücke, die wir in der Nacht im *New Grand Hotel* angehabt haben, stopft Helga in einen Wäschebeutel und bringt sie schräg gegenüber in die chemische Reinigung, sogar meine Weste. Wenn das nicht *grand* ist!

Stadt der Diamanten

Daß jenseits dieser sonnendurchglühten Halbwüste, in der sein Vater Daniel Jacobs sich niedergelassen und die einsam gelegene Farm *De Kalk* aufgebaut hatte, eine Welt existierte, in der es aufwendig hergestelltes Spielzeug in speziellen Geschäften zu kaufen gab, auf diesen Gedanken wäre Erasmus nie gekommen. Wenn er ein neues Spielzeug brauchte, dann machte er es sich selber, wie alle Kinder, die er kannte, indem er aus tonhaltiger Erde Puppen und Tiere formte oder ein Stück Holz mit dem Schnitzmesser bearbeitete. Und natürlich sammelte er besonders schöne Kiesel und verschiedenfarbige Steine auf dem *Veld* und am Flußufer des Orange River, um mit seinen Geschwistern damit zu spielen. Einer dieser Steine, den er am Fluß gefunden hatte, leuchtete besonders schön und war für seine Größe erstaunlich schwer.

Schalk van Niekerk, ein benachbarter Farmer, dessen Hobby die Mineralogie war, interessierte sich für den Stein, als er den Jacobs Mitte 1866 einen Besuch abstattete, aber nur die Farmersfrau antraf. »Ein ungewöhnlicher Stein. Womöglich ist es ein Diamant, Mrs. Jacobs.«

Diese lachte darüber. »Ach was, das ist nichts weiter als ein hübscher Glasstein. Nehmen Sie ihn ruhig mit. Erasmus ist ihn schon leid geworden und hat längst andere Lieblingssteine.«

»Ich weiß nicht«, sagte Schalk van Niekerk, trat mit dem Stein ans nächste Fenster – und zog eine Kante des Steines kräftig über die Scheibe. Er war überrascht und erschrocken zugleich, als er den Kratzer sah, den der Stein auf dem Glas hinterlassen hatte. Er entschuldigte sich und sagte dann: »In meinem Buch über Mineralien steht, daß Diamanten Glas schneiden. Und sehen Sie, was passiert ist!«

Aber auch das konnte Mrs. Jacobs nicht überzeugen. »Behalten Sie ihn und legen Sie ihn zu Ihrer Sammlung«, sagte sie und vergaß die Angelegenheit.

Schalk van Niekerk war sich seiner Sache nicht sicher, dachte jedoch auch nicht daran, den Stein einfach wegzulegen. Er war neugierig geworden, und bei seinem nächsten Besuch in Hope Town, der einzigen Ortschaft weit und breit, zeigte er den Stein den beiden deutschen Händlern Gustav und Martin Lilienfeld. Aber auch die vermochten nicht zu sagen, ob der Stein wertvoll war oder nicht. Sie zogen einen jungen Engländer zu Rate, der seit einiger Zeit in der Stadt weilte und allgemeinen Respekt genoß.

»Nach seinem Aussehen und Gewicht könnte es sich schon um einen Diamanten handeln«, lautete sein Urteil, doch festlegen wollte auch er sich nicht.

Der seltsame Stein ging durch die Hände weiterer Halbexperten. Schalk van Niekerk schickte ihn schließlich zu Mr. Chalmers, dem stellvertretenden Bezirkskommissar in Colesberg. Dort wurde T. B. Kisch, der örtliche Apotheker, konsultiert.

»Ja, ich glaube, es ist ein Diamant, Chalmers!«

»Glauben Sie es oder sind Sie sich dessen sicher, Kisch?«

Kisch zögerte. »Ich wette um einen neuen Hut, daß es einer ist!«

Chalmers nahm die Wette an, doch es fehlte noch immer das eindeutige, zweifelsfreie Urteil eines Fachmannes. So kam man überein, den Stein in einen simplen Umschlag zu stecken und dem Postkutscher nach Grahamstown mitzugeben, wo Dr. Atherstone den Stein examinieren und bestimmen sollte. Dieser zog einen Professor, der über ein Labor verfügte, hinzu. Zusammen suchten sie dann Reverend Dr. Ricard von der Römisch-Katholischen-Presbyterianer-Kirche auf, der den Stein testete, indem er seine Initialen in ein Fenster ritzte.

Damit hatte der Stein, den Erasmus Jacobs vor vielen Monaten gefunden hatte, aber noch immer nicht seine Irrfahrt durch die Kolonie beendet. Dabei war es mittlerweile schon März 1867 geworden.

»Fragen wir doch Henry Francis Galpin, unseren Juwelier«, beschlossen die Männer und holten den leidenschaftlichen Hausmusiker aus einem kleinen Konzert, das er in seinem Haus für seine Freunde gab.

Galpin prüfte den Stein eingehend und griff zu seinen Spezialfeilen, um ihn zu markieren. Vergeblich. Der Stein erwies sich als zu hart und ruinierte alle Feilen des Juweliers. »Für mich besteht kein Zweifel daran, daß es ein Diamant ist. Aber sicherheitshalber sollten Sie noch andere Experten konsultieren.«

Der Stein wurde nach Kapstadt geschickt, wo ein aufgeregter Kolonialminister den Gouverneur von diesem angeblichen Diamantenfund unterrichtete. Der Gouverneur, begierig, den ersten in Südafrika gefundenen Diamanten zu besitzen, bat Monsieur Heritte, den französischen Konsul, zu sich, da dieser viel von Diamanten verstand. Die hundertprozentige Sicherheit lieferte jedoch der Holländer Louis Hond, ein Diamantenschleifer und Aufkäufer von Edelsteinen, der sich gerade auf Besuch in Kapstadt aufhielt.

»Es ist ein erstklassiger Diamant. Er wiegt 21¼ Karat und hat einen Wert von mindestens £ 500!« lautete sein fachmännisches Urteil, das später der Hofjuwelier des Königshauses in London bestätigte.

Schalk van Niekerk erhielt vom Verkaufserlös des Diamanten, dem man den Namen *Eureka* gab, einen Anteil von £ 350, was dem mehrfachen Jahreslohn eines durchschnittlichen Arbeiters entsprach. Er teilte das Geld mit den Jacobs, wobei er Mühe hatte, sie dazu zu bringen, das Geld anzunehmen. Mehr als einmal wiederholte Mrs. Jacobs: »Ich will nichts. Es war doch bloß ein alter Stein!«

Dieser Stein und der 83-Karat-Diamant *Star of Africa*, der wenig später in derselben Gegend von einem Viehhirten vom Stamm der Griquas gefunden wurde, löste ein Diamantenfieber ohnegleichen aus und führte zur Entdeckung der größten und ergiebigsten Diamantenfelder der Welt.

Die angeritzte Fensterscheibe aus dem Farmhaus der Jacobs überstand die Turbulenzen der Zeit unbeschadet und fand im Colesberg Museum schließlich einen sicheren Hort. Die Initialen von Reverend Ricard sind auch heute noch im Fenster des Presbyterianischen Gebäudes zu sehen.

Ach ja, und Mr. Kisch, der später beim Kampf um die Kontrolle über die Diamantenfelder noch eine bedeutende Rolle spielen sollte, gewann natürlich seine Wette und damit einen neuen Hut.

Wollen wir doch ehrlich sein und uns vor romantisch-nostalgischen Verklärungen hüten: Bei Licht betrachtet, im wahrsten Sinne des Wortes, macht Kimberley eigentlich nicht viel her. Es ist weder beschauliche Kleinstadt mit altem Kern noch pulsierende Großstadt. Eigentlich ist es ein langweiliges Nest mitten in einem öden, wüstenähnlichen Landstrich, in dem gut 160 000 Menschen leben und arbeiten.

Natürlich, es gibt das weltbekannte *Big Hole*, das größte von Menschenhand geschaffene Loch, der 1914 stillgelegten Kimberley-Mine zu besichtigen und das darum gruppierte *Kimberley Museum*, das bei aller Sehenswürdigkeit letztlich doch nur eine andere, nämlich mit Diamanten zusammenhängende Version von *Gold Reef City* ist, und wenn man über das nötige Kleingeld verfügt, kann man in den vielen Juweliergeschäften, die mir hier zahlreicher vertreten erscheinen als McDonald's-Läden in New York, in Pretiosen nur so baden und eine Menge Geld sparen. Und man kann die Bulfontein-Mine über Tage besichtigen. Ein Abend im historischen Oldtime

Pub *Star of the West* mag später auch noch für einige nette Erinnerungen gut sein und den Eintagesbesuch abrunden. Aber ansonsten gibt es in dieser Stadt eigentlich nichts zu sehen oder zu tun, was von Interesse wäre, es sei denn . . .

Ja, es sei denn, man liebt das ganz besondere Fluidum und Abenteuer, sich in Bibliotheken und Archive zu vergraben und dort nach Schätzen ganz eigener Art zu suchen. Dann bekommt Kimberley ein völlig anderes Gesicht.

Die *Duggan Cronin Gallery*, das *McGregor Museum* und ganz besonders die *Africana Library* werden für die Dauer unseres viertägigen Aufenthaltes zu unserem zweiten Zuhause. Und welche Freude kommt auf, als Mrs. Brits, die Kuratorin der *Africana Library*, mir schon am ersten Tag ein Exemplar der *Grand Parade* herbeischleppt!

Auf meine vorsichtige Frage, ob es denn vielleicht möglich sei, das Buch ausnahmsweise ganz zu kopieren, antwortet mir Mrs. Brits, eine forsche, vollschlanke Person um die Fünfzig: »Was heißt hier ausnahmsweise? Wir kopieren Ihnen hier alles, was Sie möchten!«

»Hätte sie das doch besser nicht gesagt«, murmelt Helga ahnungsvoll.

Ich jedoch strahle und hoffe, daß die so interessierte und engagierte Mrs. Brits auch einen genügend großen Papiervorrat angelegt hat – und daß der Kopierer für Dauerbelastung ausgelegt ist.

Die Kopierorgie ist also vorprogrammiert. Schließlich stellen wir uns selber an den Kopierer, weil wir Mrs. Brits diese viele Arbeit nicht länger zumuten können, denn anders als in allen anderen Bibliotheken und Archiven, die wir auf unserer Reise bisher aufgesucht haben, steht Mrs. Brits kein schwarzes Hilfspersonal zur Verfügung.

Die Ausbeute ist exzellent, zumal wir noch einige wichtige und längst vergriffene Bücher erstehen können, die aufgrund von umfangreichen Bücherspenden mehrfach vorhanden und zum Verkauf aussortiert sind. Zum Beispiel das bedeutende Werk *The Story of De Beers* von Hedley A. Chilvers, eine Erstausgabe von 1939, das auf dem Innendeckel noch den großen Aufkleber des De Beers-Direktoriums mit dem Aufdruck trägt: *Presented to J. A. Birkett (Name mit blauer Tinte eingetragen) – With the compliments of the Directors of De Beers Consolidated Mines, Limited.*

Da wir schon mal bei dem Namen De Beers sind, der weltweit bekannt und ein Synonym für die fast schon Monopolstellung der südafrikanischen Diamantengesellschaft ist, ein kurzer Blick zurück in die Geschichte – und zu den Brüdern De Beer. Vor dem Ausbruch des Diamantenrausches mühten sie sich auf ihrer Farm *Vooruitzigt* ab, die sie für £ 50 gekauft hatten, um genug für ein bescheidenes Leben zu erwirtschaften. Als die erste Welle der Diamantendigger über Griqualand West hinwegging, zogen die Gebrüder De Beer es vor, ihre Farm zu verkaufen. Sie erzielten den damals stolzen Preis von £ 7 000 und zogen in den Transvaal, um dort ihr Farmerleben fortzusetzen.

Doch was waren diese £ 7 000 im Vergleich zu den Abermillionen, die ihr Land bald in Diamanten abwarf, denn auf dem Gelände ihrer Farm entstand das *Big Hole* der Kimberley Mine mit ihren 470 einzelnen Claims von jeweils hundert Quadratmetern. Nur zwei Claims waren anfangs pro Person erlaubt, die oft noch mehrfach unterteilt wurden, so daß mancher Claim letztlich nur wenige Quadratmeter umfaßte.

Gegen 1876 wurde der individuelle Abbau in diesem riesigen Labyrinth aus verschieden tiefen Claims zu gefährlich, weil mit zunehmender Tiefe ständig die Wände derjenigen Claims einstürzten, die nicht so schnell abgetragen wurden wie die benachbarten. Fortwährend war rund ein Viertel der Mine, von einem wahren Spinnennetz aus Tausenden von Seilen überspannt, eingestürzt, und eindringendes Grundwasser machte den dauernden Einsatz von Pumpen notwendig. Zudem wurde das Gestein immer härter. Die Digger trafen nach dem weichen, leicht abzutragenden »yellow ground« auf den bedeutend härteren »blue ground«, und unter dem lag das noch festere Gestein, das den Namen »Kimberlite« bekommen sollte. Mit Hacke und Schaufel und einem einfachen Seilzug war es nun nicht mehr getan. Der individuelle Abbau wurde nicht nur zu gefährlich, sondern auch zu kostspielig für den einzelnen Digger ohne großen finanziellen Atem, da schwere Maschinen eingesetzt werden mußten. Der Zusammenschluß einzelner Claimhol-

Diamantenabbau in Kimberley um 1880.

der zu kleinen und dann immer größeren Minengesellschaften war die logische Folge – wie auch der erbitterte Konkurrenzkampf, der letztlich auf Kosten aller ging, da er die Preise drückte und zu einem Crash auf dem Markt der Aktien von Diamantenminen führte.

1888 kam es dann unter Cecil Rhodes' Führung – nach heftigen Kämpfen mit anderen finanzstarken »Diamantenkönigen« um die Oberkontrolle über die Minen – zu einer Verschmelzung und der Gründung einer einzigen, mächtigen Gesellschaft, die Cecil Rhodes nach den ersten Besitzern der Farm *Vooruitzigt De Beers Consolidated Mines Limited* nannte, eine immer mächtiger werdende Gesellschaft, an der jedoch die Brüder De Beer nie auch nur mit einer Aktie beteiligt waren.

Daß mein Interesse bei unseren Recherchen in Kimberley gerade der schillernden Figur Cecil Rhodes' gilt, wird keinen verwundern, der mit den Aktivitäten dieses außergewöhnlichen Mannes ein wenig vertraut ist. Rhodes und Kimberley sind so eng miteinander verwoben wie die amerikanischen Sklaven und Baumwolle. Er war ein junger Mann von gerade achtzehn Jahren, als er 1871 aus Gesundheitsgründen nach Südafrika kam. Zuerst versuchte er sich als Farmer, jedoch ohne viel Erfolg, um dann auf den Diamantenfeldern eine überragende Geschäftstüchtigkeit und Weitsicht zu beweisen. Seinen Erfolg nutzte er, um dem wilden Campleben von Kimberley kurzfristig den Rücken zu kehren und sich in Oxford eine erstklassige akademische Ausbildung zukommen zu lassen.

In Oxford lebte Rhodes in zwei Welten: einmal in der seiner akademischen Studien, und daneben kümmerte er sich um seine Geschäfte im fernen Kimberley, besorgte Maschinen und unternahm in den Pausen zwischen seinen Studien, die er 1881 erfolgreich abschloß, immer wieder Reisen nach Südafrika, um sich vor Ort über die Entwicklung zu informieren und die Verwirklichung seiner ehrgeizigen Pläne voranzutreiben. Er war schon in jungen Jahren ein Mann mit großen Visionen, dem es zudem nicht an unbeugsamer Willenskraft, Arbeitseifer und einer ordentlichen Prise machtpolitischer Skrupellosigkeit mangelte. Er sorgte dafür, daß Kimberley und De Beers untrennbar miteinander verschmolzen. Er wollte eine Eisenbahn bauen, die von Kapstadt nach Kairo führte, und die Macht des britischen Empires durch weitere afrikanische Kolonien ausbauen. Er war bereit, das Geld und die Macht der Gesellschaft dafür einzusetzen, daß der Einfluß Englands bis an den Sambesi oder noch weiter nördlich getragen wurde. Folgerichtig erhielt das Land der Matabele unter König Lobengula und das der Mashona nördlich des Limpopo River, in das Rhodes vordrang, später den Namen Rhodesien. In diesem Land liegt er auch begraben.

Ja, Visionen hatte er, doch er war kein Träumer. Da gibt es die bezeichnende Anekdote über ein Gespräch zwischen Rhodes und General Gordon, der ein idealistischer Mann von eisernen Prinzipien war. Der General erzählte Rhodes, daß Li Hung Chang ihm für die Erfüllung eines ganz bestimmten Wunsches einmal einen Raum voll Gold angeboten habe.

»Und? Haben Sie das Gold genommen, General?« wollte Rhodes wissen.

»Selbstverständlich nicht!« lautete Gordons Antwort. »Hätten Sie es denn genommen?«

»Mit Sicherheit!« soll Rhodes ihm da geantwortet haben. »Wie ich auch die vielen anderen mit Gold gefüllten Räume, die man mir angeboten hat, genommen habe. Denn was nützen einem die großartigsten Ideen, wenn einem das Gold fehlt, sie in die Tat umzusetzen!«

Was die Dokumente hinsichtlich Cecil Rhodes und die Geschäfte von De Beers betrifft, so ist das *De Beers Archiv* in Kimberley natürlich unübertroffen. Das Problem ist nur, daß es kein öffentliches Archiv ist. Deshalb erfüllt es uns mit Freude und auch ein wenig mit Stolz, als es Helga und mir gelingt, Zutritt in das mit starken Sicherheitsgittern geschützte (und ansonsten sehr unscheinbar aussehende) Gebäude zu erhalten und das Archiv auch benutzen zu dürfen. Es ist ein ganz besonderer Höhepunkt der Recherchenarbeit.

Nach einem Begrüßungstee und einer langen, angeregten Unterhaltung mit Dr. Moonyean Buys, der Leiterin des Firmenarchivs, öffnen sie und Brenda Feder, ihre wissenschaftliche Mitarbeiterin indischer Abstammung, uns die Schatzkammer – und dieses Öffnen

Der Autor und Brenda Feder im De Beers-Archiv in Kimberley. Die alte Karte zeigt die Verteilung der Claims auf den Diamantenfeldern.

ist buchstäblich zu verstehen. Denn all die kostbaren Karten, Firmenbücher und Korrespondenzen befinden sich in klimatisierten Räumen, die durch mächtige, übermannshohe und fast halbmeterdicke Tresortüren gesichert sind, wie man sie sonst nur in Banken findet.

Ich will hier nicht in maßlose Schwärmerei verfallen, aber in diesen Räumen die persönlichen Aufzeichnungen und Briefe von Cecil Rhodes und ähnlich mächtigen Zeitgenossen einsehen zu können, ist ein Erlebnis. Die Geschichte scheint plötzlich unter meinen

Händen Leben zu gewinnen. Hundert Jahre sind vergangen, seit dieses oder jenes Papier beschrieben worden ist, doch ich habe das Gefühl, in diesen Augenblicken das Kratzen der Feder und Cecil Rhodes' ungeduldige Stimme zu hören, der seinen Sekretär beauftragt, diese oder jene Anweisung über den Telegrafen zu schicken.

Kimberley mag dem normalen durchreisenden Touristen nicht genug bieten, um einen Aufenthalt von mehr als einem Tag zu rechtfertigen. Ich jedoch fühle mich in den Schatzkammern von De Beers wie im Paradies.

Unter Tage

Am letzten Tag unseres Aufenthaltes in Kimberley heißt es früh aufstehen. Schon um kurz nach sechs holt uns der Weckruf der Hotelrezeption aus dem Schlaf. Auf unserem Programm steht die Besichtigung der Bulfontein-Mine, und zwar nicht die normale *Surface-Tour*, die täglich um neun und elf Uhr auf dem über Tage gelegenen Minengelände stattfindet, sondern wir werden in die Mine einfahren, hinunter bis zum aktuellen Arbeitslevel und dort unten eine eingehende Führung erhalten.

»Das kann einen halben Tag dauern und recht anstrengend sein, weil die Stollen lang sind und Sie daher weite Strecken unter Tage zurücklegen müssen«, hat man uns gewarnt, als wir diese Minentour schon gleich zu Beginn unserer Ankunft organisiert haben. »Finden Sie sich um acht Uhr im Public-Relations-Gebäude vor der Mine ein, wo auch die normalen *Surface-Touren* beginnen. Mr. Dennis Knox wird sich Ihrer annehmen.«

»Ich bin wirklich mal gespannt, was uns erwartet«, sagt Helga, als wir um kurz nach sieben das Hotel verlassen und durch das noch verschlafene Kimberley in südöstlicher Richtung stadtauswärts fahren.

»Es wird mit Sicherheit interessant.«

Wir sind gute zehn Minuten zu früh, als wir das kleine PR-Gebäude mit einer alten Lore im gepflegten Vorgarten erreichen. Auf der anderen Seite liegt das bewachte Tor, und jenseits der hohen

Umzäunung ragt der Förderturm mit seinen riesigen Rädern, über die die stählernen Seile laufen, in den stahlblauen Himmel.

Wenige Minuten nach acht fährt Dennis Knox in einem Mercedes vor. Er ist ein untersetzter, kräftiger Mann Anfang Sechzig mit grauem Haar und Vollbart. Seine direkte, offenherzige Art macht ihn uns sofort sympathisch. Er begrüßt uns und läßt uns voller Stolz wissen, daß er sich in seiner mehr als vierzigjährigen Laufbahn von der Pike auf zum Mine Captain hochgearbeitet hat, seit einigen Jahren pensioniert ist und seitdem besondere Führungen und Schulungen durchführt, weil er noch den täglichen Kontakt zu »seiner« Mine braucht.

»Sorgen wir erst einmal für korrekte Kleidung«, sagt er leutselig und führt uns in eine Kleiderkammer mit Regalen voller Overalls und schweren Schuhen mit eingearbeiteten Stahlkappen. »Ist zwar nicht gerade der letzte Modeschrei, aber die Sachen sind praktisch. Man kann da unten ganz schön dreckig werden. Da hält so ein Overall schon eine Menge ab. Und die Schuhe sind zu Ihrer Sicherheit so schwer und klobig. Wir wollen doch nicht, daß Ihnen etwas passiert.«

Er läßt uns allein, und wir ziehen uns bis auf die Unterwäsche aus, um dann in Overall und Bergmannsschuhen einen sehr ungewöhnlichen Anblick abzugeben. Dennis Knox gesellt sich wieder zu uns und legt uns einen schweren Gurt um, an den er die Tasche mit der Atemschutzmaske, die vierzig Minuten lang giftige Gase aus der Luft filtert, für den Notfall einklinkt. Des weiteren verpaßt er uns einen Schutzhelm und ein Paar Ohrenschützer, wie ihn auf Flughäfen die Einweiser tragen, die die Jets auf ihre Parkposition dirigieren und dabei dem Lärm der Turbinen ausgesetzt sind.

»Ist es so laut da unten?« frage ich.

»Stellenweise schon. Helmleuchte und Batterie holen wir gleich drüben auf dem Gelände im Depot ab«, sagt er und führt uns in einen kleinen Vorführraum, wo er einen Tee für uns bereithält. »Jetzt schauen Sie sich bitte das Video über Verhaltensregeln im Notfall unter Tage an. Lassen Sie sich nicht davon beunruhigen, es ist nur eine Vorsichtsmaßnahme.«

Na ja, seine Gedanken macht man sich aber doch.

Nach der Vorführung erhalten wir unsere Ausweise mit Magnetstreifen, die wir für die Kontrollen brauchen. Fotografieren ist verboten, und wir müssen unsere Ausrüstung zurücklassen. Dann gehen wir zur Mine hinüber, passieren die erste Kontrolle und begeben uns zu einem kleinen Schuppen, wo wir unsere Helmleuchte mit Batterie erhalten. Letztere ist eine etwa zehn Pfund schwere zigarrenkistengroße Box, deren Gewicht den Gurt sehr spürbar auf die Hüften zieht.

Nach einer weiteren Kontrolle befinden wir uns direkt vor dem Förderturm. Mittlerweile ist es kurz vor neun, doch wir können noch nicht sofort hinunterfahren.

Dennis weist auf drei mittelgroße Stahlcontainer, die vor dem Aufzuggitter auf den Schienen stehen und offensichtlich auf den Transport in die Mine warten.

»Das ist Sprengstoff, Dynamit, Plastiksprengstoff und Anfex, und der hat natürlich Vorrang. Es wird noch eine Weile dauern, bis wir in den Aufzug können«, erklärt er und nutzt die Zeit, um uns über das Gelände und in die gut dreißig Meter hohe Maschinenhalle mit ihren gewaltigen Schwungrädern (fünf Meter im Durchmesser), Seilwinden und den beiden Maschinen mit einer Leistung von jeweils 1 900 PS zu führen. Der Lärm macht jede Unterhaltung unmöglich. Auch mit Schreien kommt man gegen den Krach nicht an, den die mit zwölf Meter pro Sekunde abwärts rasenden Förderwagen verursachen. Es klingt, als würde ein Güterzug mit wahnwitzigem Tempo über schlecht verbundene Gleisanschlüsse donnern.

Wieder im Freien, klärt Dennis uns darüber auf, daß die Bulfontein- und die in direkter Nachbarschaft gelegene Dutoitspan-Mine als eine Einheit betrieben und gemanagt werden. »Darum gibt es für beide Minen auch nur einen Förderturm und einen Belüftungsschacht. Wir nennen dies System Joint Shaft. Die Stollen zweigen ab dem 58-Meter-Level in beide Richtungen ab.«

»Wie tief ist die Mine?« möchte Helga wissen.

»Im Augenblick sind wir bei einer Tiefe von 860 Metern angelangt. Doch je tiefer wir gehen, desto geringer wird die Karateausbeute. Zudem fallen die Diamanten auch mit wachsender Tiefe kleiner aus. Im Augenblick fördern wir im Durchschnitt 28 Karat pro hundert Tonnen Gestein. Berechnungen haben ergeben, daß die Bulfontein-Mine, die ja immerhin schon über hundert Jahre in Betrieb ist, vielleicht noch fünfzehn, zwanzig Jahre wirtschaftlich arbeiten wird und dann, wie die Kimberley-Mine 1914, stillgelegt werden muß.«

Rund 2000 Arbeiter sind auf Bulfontein angestellt, und nicht ohne Stolz berichtet er uns, daß sich auch die Lage der einfachen Bergleute in den letzten Jahren bedeutend verbessert hat. »Ein ungelernter Bergmann erhält heute schon 1500 Rand pro Monat. Zu dem Lohn kommen kostenlose Bekleidung, Unterkunft, Verpflegung sowie medizinische Versorgung für ihn *und* seine Familie. Und daß sich die Zeiten in vieler Hinsicht verändert haben, sieht man auch daran, daß man nicht mehr nur allein Schwarze als ungelernte Arbeiter unter Tage antrifft, sondern auch immer mehr Weiße, die mit den Schwarzen Seite an Seite arbeiten. Früher hätte es das nie gegeben.«

Wir lernen auch, wie man den Rang einer Person unter und über Tage erkennen kann – und zwar an der Farbe ihres Helmes. Grün und Orange weisen auf Ingenieure hin. Rot tragen die gewöhnlichen Bergleute. Schwarz ist die Farbe der *Line Supervisors*, was so etwas wie Obersteiger ist, und der *Blasters*, also der Sprengmeister. Weiße Helme, wie wir sie tragen, weisen die Person als *Official* aus.

»Eine Farbe haben Sie aber ausgelassen – und zwar die graue«, sage ich und weise auf seinen Helm.

Dennis lacht. »Oh, die hat keine Bedeutung – oder viele, ganz wie man es nimmt. Auf jeden Fall gibt es in der ganzen Bulfontein-Mine nur einen einzigen grauen Helm, und das ist meiner. So, und jetzt kommt. Der Sprengstoff ist verladen. Die nächste Fahrt abwärts ist unsere!«

Unter lautem Rattern öffnen sich die Sicherheitsgitter, und wir betreten den Stahlkasten des Personen- und Lastenaufzuges, der hoch genug ist, um einen Geländewagen senkrecht an dem schweren Haken über unseren Köpfen aufhängen und nach unten transportieren zu können.

Die Gitter schließen sich. Das schwache Licht an der Seite ist mehr eine Notbeleuchtung. Der Käfig ist in Halbdunkel getaucht.

Drei schwarze Arbeiter, die ein schweres Maschinenteil in den Aufzug gewuchtet haben, schalten ihre Helmleuchten ein. Der gebündelte Lichtstrahl tanzt bei jeder Bewegung über die Stahlstreben. Helga lächelt ein wenig gequält, und mein Gesicht sieht bestimmt auch nicht sehr lässig entspannt aus. Immerhin ist es das erstemal, daß wir in ein Bergwerk einfahren.

Ich wende mich an Dennis. »Wie schnell geht es abwärts?«

»Mit vier Metern pro Sekunde. Schlucken Sie, wenn Sie einen Druck auf den Ohren spüren.«

Der Käfig ruckt an. Wir hören ein lautes Summen über uns, und schon geht es abwärts. Rasch gewinnt der Aufzug an Geschwindigkeit. Es beginnt laut zu rappeln und zu scheppern. Der Druck auf die Ohren kommt schnell. Wir schlucken. Ich halte mich an einer Querstrebe fest. Der Gedanke, daß unter uns quasi ein Loch von mehr als 800 Metern Tiefe gähnt, geht mir durch den Kopf und läßt mich unwillkürlich schlucken. Dann aber überwiegt doch das Gefühl der Sicherheit, und ich entspanne mich. Ein Stollen huscht im Bruchteil einer Sekunde an uns vorbei. Wir sehen die Öffnung und das Licht, und im selben Moment ist beides schon wieder verschwunden.

Auf dem 580-Meter-Level machen wir einen Zwischenstopp. Der Aufzug kommt überraschend sanft zum Stehen. Die drei Schwarzen packen sich ihr schweres Maschinenteil und steigen aus. Wir halten noch einmal auf dem 760-Meter-Level, und erreichen wenig später die Tiefe von 825 Metern, wo auch für uns die Fahrt zu Ende ist.

Wir stehen in einer hohen Höhle am Ende eines langen Stollens mit einem Förderband, das in einen schräg abfallenden Schacht mündet. Darüber befinden sich eine große stählerne Bühne und ein Kommandostand mit zahlreichen Armaturen im Licht starker Strahler. Es ist taghell. Die Wände sind mit Aluminiumfarbe gestrichen. Die Farbe bringt eine Verbesserung der Helligkeit um 30 Prozent, ist aber sehr teuer und kommt daher nur an besonders wichtigen Stellen zum Einsatz.

»Auf diesem Level kommt das Kimberlite-Gestein, das im tiefer gelegenen *Crusher* auf eine maximale Größe von etwa Fußballformat zerkleinert worden ist, auf dem Endlos-Förderband an«, erklärt

Dennis. »Es fällt durch einen Schacht in die Loren und wird dann nach oben gefördert.«

Wir begeben uns nun in die andere Richtung, passieren eine niedrige Sicherheitstür, die uns zwingt, uns zu bücken, und beginnen unseren Marsch durch die Stollen.

Der Gang ist knapp zwei Meter hoch und zwei Meter breit, und ich halte auf meinem Diktaphon fest: »Der Boden ist naß. Durch die Mitte ziehen sich Schmalspurschienen. Am rechten Rand eine Wasserabflußrinne. Die Wände sind uneben, scharfkantig. Nirgendwo Stützträger. Das Gestein ist offenbar nicht brüchig. Nackte Glühbirnen im Abstand von etwa zehn Metern unter der rauhen Decke sowie dicke Stromkabel und andere Versorgungsleitungen. Immer wieder stählerne Sicherheitsschotts. Eines davon ist kaum höher als einen Meter. Wird im Falle einer Überflutung geschlossen. Dennis sagt, es sei von lebensentscheidender Bedeutung, auf welcher Seite des Schotts man sich dann befindet. Wie reizend! . . . 1991 war die letzte Überflutung. Es dauerte sieben Monate, um die Mine trocken zu pumpen und den Abbau wiederaufnehmen zu können . . . Dennis macht uns auf die rote Linie aufmerksam, die sich in Brusthöhe an den Wänden entlangzieht. Man hat sie angebracht, um zu sehen, ob übermäßiger Druck auf die Stollenwände einwirkt. Doch gewöhnlich hebt sich zuerst der Boden . . . Unsere Helmlichter tanzen wie Irrlichter über Decke und Wände . . .«

Nach einer Weile gelangen wir zu einem kleinen Aufzugschacht. Daneben befindet sich eine *Refuge Chamber*, eine Überlebenskammer. Wir begeben uns hinein. Ein etwa zwanzig Meter langer und drei Meter breiter Raum mit Sitzbänken, einem Telefonanschluß, separaten und besonders gesicherten Leitungen für Wasser, Frischluft und Abluft sowie einem Schrank, der Medikamente und Notrationen enthält. Wie wir erfahren, sind Feuer und giftige Gase die größten Probleme, mit denen die Bergleute zu kämpfen haben.

Wir setzen unseren Fußmarsch fort. Die Temperaturen liegen bei über dreißig Grad, und die Luftfeuchtigkeit ist sehr hoch, so daß wir allmählich ins Schwitzen kommen.

Knapp einen Kilometer hinter der Rettungskammer macht der Stollen einen scharfen Knick, und dann geht es über eine Stahltreppe mit 75 Stufen zwanzig Meter steil hinunter. Ein heftiger Luftzug bläst uns entgegen.

Auf dem 845-Meter-Level angelangt, finden wir uns in einem mindestens zehn, zwölf Meter hohen und mindestens doppelt so breiten Hauptstollen wieder und kommen in eine Art Halle. Wir sehen schweres Gerät, mächtige Bulldozer sowie Geländewagen. Die Decke ist hier mit Stahlnetzen abgehängt, um abbrechendes Gestein aufzufangen. Wir kommen an einem mannshohen Stapel gut sechs, sieben Meter langer Holzstangen vorbei.

»Damit werden die Sprengladungen in den Sprengkammern in Position gebracht«, erklärt Dennis, und der Geräuschpegel um uns herum schwillt schnell an, als wir ihm nun tiefer in den Hauptstollen folgen, von dem schmalere, höchstens zweieinhalb Meter breite Gänge abgehen. Und hier, in diesen kleinen Stollen, wird das diamanthaltige Kimberlite-Gestein abgebaut. Am Eingang eines jeden dieser Stollen sitzt ein Mann an einer Schaltstation, mit der er eine Art Schaufel bedient, die gut zu einem mittleren Bagger passen würde und über mehrere Stahlkabel seitlich sowie vor und zurück bewegt werden kann. Mit dieser Schaufel versucht der Mann am Schaltpult die oft tonnenschweren Felsbrocken zu greifen, die den fünfzig, sechzig Meter tiefen Stollen brusthoch ausfüllen, und in die Schachtöffnung vor seiner Anlage zu bugsieren, durch die sie zum *Crusher* gelangen.

Der Lärm, der aus mehr als einem Dutzend dieser Stollen dringt, ist unbeschreiblich, geradezu infernalisch. Eine Verständigung ist unmöglich. Alles reduziert sich auf Zeichensprache. Staub dringt aus den Stollen, und zudem liegt ein irgendwie scharfer Geruch in der Luft, den ich mit Schießpulver in Verbindung bringe, obwohl das natürlich Unsinn ist. Auf jeden Fall ruft der Geruch diese Assoziation in mir hervor. Große Ventilatoren am Eingang kämpfen gegen den Staub an, der aus den Stollen dringt, und sollen wohl auch ein wenig Kühlung bringen.

Dennis führt uns in einen dieser Stollen hinein, der im Augenblick nicht mit der tosenden, donnernden Zugschaufel bearbeitet wird. Die Beleuchtung ist ausgeschaltet. Vor uns sehen wir die Helmleuchten von mindestens sechs, sieben Arbeitern, die sich da irgendwo zu schaffen machen. Wir sehen nun, daß sich im Abstand von etwa zehn, fünfzehn Metern rechts und links verschieden große Öffnungen in den Stollenwänden befinden und dahinter nach oben führende Kammern, die einen Durchmesser von mehreren Metern haben.

»Das sind die Sprengkammern«, erklärt Dennis. »Die Sprengladungen werden mit Hilfe der Holzstangen an der Decke der Kammern angebracht. Das abgesprengte Gestein rutscht durch die Öffnungen in den Gang, aus dem es dann mit der Zugschaufel abgeräumt wird.«

Uns beschleicht ein merkwürdiges Gefühl, als wir an Kisten mit Sprengstoff und schwarzen Bergleuten vorbeikommen, die Dynamitstangen gleich im halben Dutzend sowie anderen Sprengstoff mit normaler Paketkordel – ein Messer zwischen den Zähnen – an die Enden der Holzstangen binden, Zündschnüre abrollen und die manchmal zwanzig Pfund schweren Sprengladungen in die Kammern plazieren, während wir nur einen Schritt daneben stehen. Aus manchen Kammern hängen mehrere Zündschnüre heraus, die mit einer blauen Zündschnur gebündelt werden, so daß die Ladungen im selben Augenblick explodieren. Wir verstehen nun, warum das Licht abgeschaltet ist, und ich ärgere mich zum wiederholten Mal, daß ich keinen Fotoapparat mitnehmen durfte. Was hätte ich hier unten für tolle Aufnahmen machen können!

»Es werden so an die dreißig Sprengladungen sein«, stellt Dennis fest. »Wird eine ganz hübsche Sprengung geben.«

Er weist uns auf die dünnen, schwarzen Stäbe hin, die der Sprengmeister an seinem Gürtel trägt. »An den Stangen klebt eine napalmähnliche Substanz, die sogar noch unter Wasser brennt. Damit entzündet er nachher die Zündschnüre.«

Als alle Sprengladungen angebracht sind, müssen wir und alle anderen Bergleute den Bereich der Arbeitsstollen verlassen und uns in der fünfzig Meter entfernten »Halle« versammeln. Die Schwarzen nehmen auf langen Bänken Platz und nutzen die Unterbrechung für eine zweite Frühstückspause. Die sich unter der Höhlendecke kreuzenden und hin und her schweifenden Lichtbündel der über zwanzig Helmleuchten zeichnen ein eigentümliches Bild. Warnsi-

Schwarze und weiße Minenarbeiter unter Tage. In fast 900 Meter Tiefe wird das Gestein unter ohrenbetäubendem Lärm abgesprengt.

renen ertönen und Warnlichter flammen auf. Wir müssen unsere schweren Ohrenschützer aufsetzen.

»Leicht andrücken«, rät er. »Gleich geht es los.«

Wir warten hinter dem verbeulten Geländewagen eines Ingenieurs mit angespannten Bauchmuskeln und beinahe angehaltenem Atem. Wir haben nicht damit gerechnet, bei einer Serie von Sprengungen unter Tage zugegen zu sein.

119

Noch vier Minuten bis zur Sprengung.

Die letzten zehn, zwanzig Sekunden schleppen sich besonders langsam dahin.

Dann erfolgt die erste Explosion. Ein mächtiger, scharfer Donner hämmert gegen Kopf und Bauch und fährt uns durch die Glieder, begleitet von einem spürbaren Beben unter den Füßen. Wenige Sekunden später erfolgen die zweite und dritte und dann die vierte und fünfte Detonation. Uns ist reichlich mulmig zumute. Über uns türmt sich Gestein 850 Meter empor, und dieser ganze Berg erzittert und scheint zu wanken!

Wir glauben schon, alles hinter uns zu haben, als nach der sechsten Sprengung fünf, sechs lange Sekunden der Stille verstreichen. Doch wir haben noch zwei Sprengungen vor uns und in unserer Aufregung völlig vergessen, daß die letzten natürlich für uns die heftigsten sein werden, da der Sprengmeister im Stollen ja zuerst die hintersten Ladungen gezündet hat.

Die siebte und achte Explosion gehen uns buchstäblich durch Mark und Knochen.

Der Krach ist trotz der Ohrenschützer unbeschreiblich. Der ganze Berg scheint aufzuschreien und sich zu schütteln. Die Druckwellen sind deutlich zu spüren. Unsere Bauchdecke flattert, und der Schreck treibt uns das Blut aus dem Gesicht. Mächtige Staubwolken schießen aus den Stollen hervor.

Dennis schmunzelt und zieht sich die Ohrstöpsel, die er anstelle der schweren Ohrenschützer benutzt hat, heraus und sagt: »Alles eine Sache der Gewöhnung.« Aber sogar er muß zugeben, daß es »recht saftige« Sprengladungen waren, die da nicht weit von uns hochgegangen sind.

Wir setzen unseren Rundgang in andere Teile der Diamantenmine fort. Es ist kurz vor zwölf, als wir schließlich eingestaubt und verschwitzt sowie um viel Wissen und einige unvergeßliche Erlebnisse reicher aus der Tiefe der Bulfontein-Mine wieder nach oben ans Tageslicht fahren. Wie blau der Himmel ist, wie blendend hell die Sonne, wie klar die Luft! Und wie leicht wir uns fühlen, als wir die Helmleuchte und die schwere Batterie vom Gurt ziehen und im Depot abgegeben haben!

Dennis Knox lächelt zufrieden, mit uns, mit dem Ablauf der Führung, mit »seiner« Mine. »Gehen wir erst einmal einen Tee trinken.«

Highgrove House

Im Morgengrauen verlassen wir Kimberley. Wir wollen nach White River. Dieser kleine Ort liegt im östlichen Transvaal an der Grenze des *Kruger National Parks*. Noch einmal fast tausend Kilometer, die wir auf einen Rutsch bewältigen müssen.

Unser Wagen ist blitzblank, wie es auch an jedem anderen Morgen unseres Aufenthaltes in Kimberley der Fall war. Zwei abgerissene, obdachlose Schwarze haben sich die Parkzeile vor dem *Savoy Hotel* vermutlich als ihr Revier erkämpft und putzen die Wagen in den frühen Morgenstunden, in der Hoffnung, von dem einen oder anderen Gast ein Trinkgeld für diesen unaufgeforderten Waschdienst zu erhalten. Ich habe jedem einen Schein gegeben, und ich weigere mich darüber nachzudenken, ob sie wirklich, wie behauptet wird, das meiste davon für billigen Fusel ausgeben oder nicht. Ich bedaure vielmehr, daß ich am ersten Morgen, als ich es eilig hatte, nicht begriffen habe, was die hochgestellten Scheibenwischer zu bedeuten hatten und was die beiden Schwarzen, die auf dem Bürgersteig standen und sich mir nicht zu nähern wagten, sich von mir erhofften. Obwohl die Übernachtung für umgerechnet siebzig Mark nun wahrlich nicht teuer war, haben wir im *Savoy* vermutlich pro Tag mehr ausgegeben, als sie im Monat erbetteln. Ich nehme mir vor, an Szenen wie diese zu denken, wenn mich wieder einmal irgendwelche materiellen Sorgen quälen sollten. Doch ich ahne schon, daß diese Bilder dann sehr an Kraft verloren haben werden. Der Dorn im eigenen Fleisch schmerzt nun mal bedeutend mehr, als wenn man bei einem anderen eine klaffende Armwunde sieht.

Im weichen Morgenlicht streben wir auf der N 12 Johannesburg entgegen. Wenige Meilen hinter Kimberley entdecken wir auf einem großen, jedoch tümpelflachen See einen gewaltigen Schwarm Flamingos. Zu Tausenden stehen sie dicht an dicht im Wasser, und das blaßrosa Federkleid der Vögel scheint sich aus der Entfernung zu einer kilometerweiten rosafarbenen Daunendecke zu verbinden. Rasch biege ich ab und versuche dem See so nahe wie möglich zu kommen. Doch sowie ich mich mit der Kamera dem Ufer des Sees nähere, weichen sie zurück. Ohne Panik, aber stetig. Jeden noch so vorsichtigen Schritt vorwärts meinerseits machen sie wett, indem sie einen Schritt zurückstelzen. Ich müßte schon über ein sehr lichtstarkes Zoom verfügen, um diesen unglaublichen Anblick gebührend auf Zelluloid bannen zu können.

Trotz aller Großartigkeit der Natur, die sich uns in den Morgenstunden darbietet, packt uns an diesem Tag der Rausch der vorbeifliegenden Landschaft und des Unterwegsseins nicht so sehr wie auf unserem »1 000-Kilometer-Ritt« von Kapstadt nach Kimberley. Vielleicht liegt das daran, daß die fünfhundert Kilometer zwischen Kimberley und Johannesburg viel dichter besiedelt sind als dieselbe Strecke südlich der Diamantenstadt.

Auch macht sich bei uns eine spürbare Erschöpfung bemerkbar. In den vergangenen dreieinhalb Wochen ist so unglaublich viel an Eindrücken der unterschiedlichsten Art auf uns eingedrungen! Dazu kommen die bei aller Leidenschaft zur Sache doch anstrengende Arbeit in den Archiven sowie die vielen Stunden hinter dem Steuer. An diesem Tag werden wir bei unserem Eintreffen in White River schon über sechstausend Kilometer zurückgelegt haben. Irgendwann werden Körper und Geist, wie trainiert und ausdauernd sie auch sein mögen, müde und verlangen eine Ruhepause, um neue Energien zu sammeln.

Diese Ruhepause wollen wir im Landhotel *Highgrove House* einlegen. Wir wollen uns drei geruhsame Tage gönnen, ohne Termin- und Recherchendruck. Einmal richtig ausschlafen, faulenzen und uns richtiggehend durchhängen lassen . . . höchstens ein bißchen in den Büchern und Kopien lesen. Daß in diese Tage auch unser Hochzeitstag fällt, trifft sich natürlich günstig.

»Hoffentlich hält dieses *Highgrove House* auch das, was die Beschreibung in der Broschüre verspricht«, sagt Helga ein wenig skeptisch, als wir Johannesburg schon am frühen Mittag hinter uns lassen und bei Middleburg den Little Olifants River überqueren.

»Ja, hoffentlich.« Wir haben dieses Landhotel in einer schmalen, 75seitigen Hotelbroschüre, *Portfolio of Country Places*, entdeckt, in der besonders kleine, individuelle Hotels der unterschiedlichsten Preisklassen jeweils mit einem Bild und einer Beschreibung für sich werben. Nachdem wir mit dem *Plettenberg* in Plettenberg Bay, dem *Vineyard* in Kapstadt und dem *Le Quartier Français* in Franschhoek, die wir alle in diesem Portfolio empfehlenswerter Hotels entdeckt hatten, schon dreimal gute Erfahrungen gemacht haben, hoffen wir natürlich sehr, auch diesmal nicht enttäuscht zu werden.

»Wir werden da auf jeden Fall unsere Ruhe haben, denn die maximale Gästezahl für die dortigen acht Bungalows beträgt sechzehn Personen«, versuche ich Helga und mich zu beruhigen. »Außerdem liegt dieses Landhaus nahe am Kruger Park. Von White River bis zum Numbi Gate ist es nur eine halbe Stunde mit dem Auto.«

Dennoch bleiben Zweifel, und die Müdigkeit, die zu überwinden mich an diesem Nachmittag besonders viel Willenskraft kostet, macht mir schwer zu schaffen.

Etwa hundert Kilometer vor Nelspruit verändert sich die Landschaft bedeutend. Die weiten Hochebenen des Highveld gehen in die Berge und Täler des Lowveld über. Lowveld heißt jedoch nicht, daß es hier flacher wird. Im Gegenteil, die Landschaft wird bedeutend bergiger, abwechslungsreicher, vor allem aber farbiger. Weiße, rote, gelbe und violette Blumenteppiche sowie Bäume, Sträucher und Hecken in voller, üppiger Blüte erfreuen überall das Auge. Die kurvenreiche Straße durch die Berge macht mich wieder munter, wie auch die grandiosen Ausblicke, die sich uns immer wieder darbieten, so als wir über eine Bergkuppe kommen und vor uns die Stadt Waterval Boven im schmalen Tal liegen sehen.

Endlich kommen wir nach White River, einem kleinen Städtchen in der Provinz. Eine lange Hauptstraße, beidseitig von Geschäften gesäumt, ein paar Ampeln, und schon sind wir wieder auf der Landstraße R 403, der wir in Richtung Hazyview folgen.

Ein Dutzend Kilometer später, inmitten eines bergigen Waldgebietes, entdecken wir am Straßenrand schließlich das Hinweisschild *Highgrove House*.

Helga atmet tief durch. Sie hat mit krakeliger Schrift gerade ins Tagebuch eingetragen: »Bringen die letzten Kilometer buchstäblich mit letzter Kraft hinter uns. Kopfschmerzen, müde, müde, müde.«

Wir fahren von der Landstraße ab und folgen einer roten, holprigen Sandpiste durch ein Waldstück. Hinter einer scharfen Rechtskurve tritt der Wald plötzlich zurück und gibt den Blick auf ein fantastisches Panorama frei. Vor uns liegt ein weites Tal. Irgendwo da unten muß Hazyview liegen und dahinter, am fernen Horizont, das Wildschutzgebiet des *Kruger National Park*. Der Sandweg führt nun bergab. Im Tal rechts von uns leuchtet die blaue Fläche eines Stausees zu uns empor.

Unsere Spannung wächst, als wir zwei Kilometer nach der Abzweigung von der Landstraße in den violetten Schatten einer dreihundert Meter langen Allee alter, hoher Jacarandabäume eintauchen. Zu beiden Seiten erstreckt sich eine Plantage mit Bananenstauden und Avocadobäumen. Und dann, am Ende der wunderbaren Allee, liegt *Highgrove House* vor uns. Wir wissen gar nicht, wohin wir zuerst schauen sollen. Die gepflegte und doch sehr natürlich gehaltene Gartenlandschaft ist von traumhafter Üppigkeit und Schönheit. Harmonisch darin eingebettet sind ein blaugrün schimmernder Pool und ein weißer, schmiedeeiserner Pavillon. Am unteren Ende des idyllischen Gartens, der einen sanft abfallenden Hang bedeckt, liegen acht kleine, weiße, im Kolonialstil gehaltene Gästebungalows, in einem Sichelrund im Schatten hoher Eukalyptusbäume angeordnet und mit den Terrassen zum weiten Tal hin, das sich weit unter uns bis zum Horizont öffnet.

Das langgestreckte und mit kurzen Seitentrakten versehene Haupthaus, das ehemalige Farmhaus der Plantage, befindet sich am oberen Ende der paradiesischen Gartenanlage. Ein Blick auf die große, überdachte Veranda mit ihren gemütlichen Korbsesseln, und Erinnerungen an die Verandaszenen aus dem Film *Jenseits von Afrika* werden in mir wach.

Helga und ich sehen uns an und lächeln. Alle Sorgen fallen von uns ab. Wir sind mehr als nur angekommen. Dies ist einfach *Paradise! That's it!* Bingo! Ob nun Riecher oder einfach bloß Glück, mit *Highgrove House* haben wir den absoluten Treffer gelandet.

Unser Bungalow mit seinem gemütlichen Wohnraum mit Kamin und dem großen Schlafzimmer mit angrenzendem Bad und separatem WC ist ein Traum, sowohl was die Ausstattung als auch was den Ausblick betrifft, der über einen Teil der Avocadoplantage hinweg zu den umliegenden Bergen und hinunter ins Tal geht.

Wir bekommen sofort Kontakt zu den fünf anderen Gästen, als wir uns vor dem Abendessen auf der Veranda einfinden, einen Gin Tonic genießen und uns die kleinen warmen Appetithäppchen munden lassen, die uns Peter Terry, der Besitzer, serviert – und die aus der exquisiten Küche seiner lebhaften Frau Mary kommen, die eine ebenso leidenschaftliche wie hervorragende Köchin ist.

Das Abendessen in dem sehr stilvoll altenglisch eingerichteten kleinen Eßzimmer mit seinen mit viel Silber eingedeckten Tischen ist fantastisch – Abend für Abend. Es werden vier Gänge serviert, von Peter Terry höchstpersönlich, dazu beste südafrikanische Weine. Doch wer jetzt meint, es sei dabei sehr vornehm und steif zugegangen, der irrt gewaltig. Die Atmosphäre ist entspannt, fröhlich und geradezu familiär, zumal Mary und Peter ständig überall mit Hand anlegen und von herzlich-natürlicher Art sind. Krawatte und Jackett? No way! Mel Balloch, ein ansteckend humorvoller Engländer um die Fünfzig, der von seiner Bank *Standard Chartered* für anderthalb Jahre nach Johannesburg versetzt worden ist und sich alle paar Monate mit seiner reizenden Frau Sue trifft (»Wir verbringen jetzt jedes Vierteljahr vierzehn Tage Flitterwochen!«), die in London an der Universität lehrt, kommt zumeist im Polohemd.

Kaffee, Tee und hausgemachte Pralinen servieren Mary und Peter auf der Veranda, wohin es uns in den warmen Nächten nach dem Essen zieht. Mel ist eine so lustige Person und seine Gesellschaft so anregend, daß wir, die Gäste sowie die Terrys, bis weit nach Mitternacht zusammensitzen und uns über Gott und die Welt unterhalten.

Über Politik wird natürlich auch geredet. Mel ist ein wenig skeptisch, was die Zukunft des Landes angeht, doch Mary und Peter schauen optimistischer in die Zukunft, obwohl auch sie viele Schwierigkeiten voraussehen.

»Ich wünschte, ich hätte eine Kristallkugel, die mir verraten könnte, was die Zukunft uns bringt«, sagt Peter, zwischen pragmatischem Optimismus und Ratlosigkeit über den Weg, wie die Probleme des Landes gelöst werden könnten, hin und her gerissen. »Wir können nur hoffen und beten, daß es hier zu keinem Krieg kommt und Blutvergießen vermieden wird. Ich liebe dieses Land und möchte hier bis ans Ende meiner Tage leben. Und daß die Regierung in die Hände der Schwarzen übergeht, ist in Ordnung. Das ist nun mal der Fortschritt.«

Am nächsten Tag führt Peter mich über die Plantage, die fünfundsechzig Hektar umfaßt, wovon sechs mit Bananenstauden bepflanzt sind.

»Die Bananen werden das ganze Jahr hindurch gepflückt«, erklärt er.

»Im Winter verlassen durchschnittlich neunzig Kisten pro Woche, das sind etwa zwei Tonnen Bananen, die Plantage, in den Sommermonaten sind es um die hundertvierzig Kisten.«

»Eine hübsche Menge Bananen.«

»Ja, aber kommerziell bringt es nicht viel. Sechs Hektar sind eigentlich nur eine Spielerei. Man sagt, daß eine Bananenplantage mindestens zwanzig Hektar groß sein muß, wenn sie wirtschaftlich arbeiten und einen entsprechenden Gewinn abwerfen soll. Gut, ich setze auch bei den sechs Hektar nicht zu, sondern mache sogar noch einen kleinen Profit. Aber ich könnte viel mehr erwirtschaften, wenn ich die Bananenstauden ausreißen und zu meinen jetzt schon dreitausend Avocadobäumen noch weitere pflanzen lassen würde. Irgendwann, wenn wir uns von den kostspieligen Investitionen in unseren kleinen Hotelbetrieb etwas erholt haben, werden wir das auch tun. Avocados sind nicht so ganzjährig arbeitsintensiv wie Bananen, weil sie nur einmal im Jahr geerntet werden, und im Gegensatz zu den Bananen, deren Preis staatlich für alle Farmer und völlig unabhängig von der Qualität festgesetzt wird, erzielen wir für unsere Avocados einen guten Preis, weil wir sie nach England und Frankreich sowie in die Schweiz exportieren. Letztes Jahr hatten wir eine sehr gute Ernte, so daß wir 28 000 Kisten Avocados der Exportgüte nach Übersee verschiffen konnten. Dieses Ergebnis werden wir in diesem Jahr wegen der lang anhaltenden Trockenheit jedoch nicht erreichen.«

Ich bin überrascht, bei dieser Gelegenheit zu erfahren, daß Mary und Peter ihr Landhotel *Highgrove House* nach neunmonatiger Bauphase und Gartenkultivierung erst kurz vor Weihnachten 1991, also vor weniger als einem Jahr, eröffnet haben.

Die größte Überraschung kommt jedoch, als ich Peter frage, wo er und Mary bisher im Hotelgewerbe gearbeitet haben, und er vergnügt antwortet: »Als wir vor zwei Jahren aus Johannesburg kamen und diese Plantage in einem sehr heruntergekommenen Zustand kauften und uns hier niederließen, hatten wir sowohl von Farmen als auch von der Führung eines Hotels null Ahnung.«

»Ja, was für einen Beruf haben Sie denn bis dahin ausgeübt?« will ich verblüfft wissen.

Peters Lächeln wird noch um eine Spur breiter. »Ich bin in Sambia geboren, in Zimbabwe aufgewachsen und zur Schule gegangen und dann fünfunddreißig Jahre lang im Filmgeschäft tätig gewesen, erst in Zimbabwe, nach dem Bürgerkrieg dann hier in Südafrika und einige Jahre auch in London, wo ich überwiegend Spielfilme bearbeitet habe, als Cutter. Am Schluß hatte ich meine eigene erfolgreiche Firma in Johannesburg.«

»Vom erfolgreichen Filmcutter zum Avocadofarmer und Kleinhotelier?« Ich kann es einfach nicht glauben, denn nichts an *Highgrove House* und seinem liebevollen, professionellen Service könnte einen auch nur in die Nähe der Vermutung bringen, daß Mary und Peter völlige Newcomer sind!

Er lacht vergnügt, während wir die Allee hinuntergehen. »Ich habe mich lange genug abgerackert. Druck und Streß waren einfach zu groß geworden. Der Preis, den wir zahlen mußten, um Geld zu verdienen, war nicht mehr zu vertreten. Es war Zeit für uns, aus dem Geschäft auszusteigen, den Absprung zu finden und unseren Traum, einmal ein kleines und sehr individuelles Hotel zu besitzen, in die Tat umzusetzen. Und das haben wir dann auch gemacht.« Er schüttelt lächelnd den Kopf. »Wir hätten vom Ertrag der Plantage ein sicheres und geruhsames Leben führen können, aber wir haben uns für die Herausforderung entschieden, aus dem alten Farmhaus und dem Gelände ein besonderes Landhotel zu machen.«

»Was Ihnen zweifellos mit großem Erfolg gelungen ist«, versichere ich ihm, weit davon entfernt, ihm schmeicheln zu wollen.

Peter lacht wieder auf. »Ja, aber welch ein Glück, daß wir nicht gewußt haben, worauf wir uns da einlassen würden! Aber wir bereuen es nicht, daß wir es getan haben. Das Hotel, in das wir jeden Penny gesteckt haben, den wir besitzen, ist die Verwirklichung eines lange gehegten Traumes. Wir lieben, was wir tun, und wir tun es nicht, um Geld zu verdienen. Es ist kein einfaches Leben, aber es macht viel Freude, in diesem überschaubaren, sehr persönlichen Rahmen. Wir wollen deshalb auch, daß *Highgrove House* klein und intim bleibt und die Räume weiterhin den Charakter eines privaten Landhauses behalten, in denen unsere Gäste spüren, daß wir sie nicht als zahlende Kunden sehen, sondern als unsere Freunde.«

In der Tat, auch wir haben das Gefühl, schon immer Freunde von Mary und Peter Terry gewesen zu sein, wie ganz zu Beginn unserer Reise bei den MacMasters. Und dementsprechend genießen wir auch die ruhigen Tage an diesem paradiesischen Ort.

In freier Wildbahn

Rasch gewonnene Freunde für einen sehr kurzen, aber intensiv erlebten Abschnitt des Lebens, das sind Mary und Peter, Mel und Sue, John und Beverley und Miss Freckleface. Freunde wie wunderschöne Sternschnuppen, die ihr helles Licht für einen flüchtigen, aber doch tief berührenden Moment am Nachthimmel versprühen und dann nur noch in der Erinnerung weiterleben.

Die heiteren, mit viel Lachen, aber auch mit nachdenklichen Gesprächen erfüllten Nächte auf der Veranda von *Highgrove House* werden in unserer Erinnerung mit Sicherheit einen besonders herausragenden Platz einnehmen, wo sie nicht von der Flut neuer Eindrücke ins Vergessen davongeschwemmt werden können.

Aber auch die geruhsamen und vom goldenen Glanz der Frühlingssonne erfüllten Tage, wo jeder von uns seine eigenen Wege geht, sind wert, daß man sich an sie erinnert. Nach dem Morgentee um sieben ist es ein Hochgenuß, sich noch einmal umzudrehen und bis neun auszuschlafen, um dann im Schatten des Pavillons zu frühstücken. Die zigtausend Kopien zu sichten und zu ordnen, an dem Roman zu arbeiten, ein Dutzend Telefongespräche zu führen und Arrangements für unsere weitere Reiseroute zu treffen, all das erscheint mir im Vergleich zum Tagesprogramm der vergangenen Wochen wie die reinste Erholung.

Da wir für das totale Faulenzen einfach nicht geschaffen sind, unternehmen wir in den drei Tagen doch kleine Ausflüge in die Umgebung, die reich an Sehenswürdigkeiten ist. Auch wenn man den Grand Canyon und andere große amerikanische Canyons kennt, ist die zwanzig Kilometer lange Schlucht des Blyde River schon einen Besuch wert. Bourke's Potholes, eine geologische Sehenswürdigkeit am Zusammenfluß von Treur und Blyde River, und die alte Goldgräbersiedlung Pilgrim's Rest sind schnell zu erreichen.

Die größte Attraktion im östlichen Transvaal ist natürlich der *Kruger National Park* mit seiner reichen Tierwelt auf einer gänzlich umzäunten Fläche von über 2,15 Millionen Hektar, was etwa der Größe des Bundeslandes Hessen entspricht. Eigentlich haben wir vorgehabt, zwei Nächte in einem der Camps im Park zu verbringen, wo man in einfachen, aber sehr sauberen und praktisch eingerichteten Rundhütten (zum Teil mit Klimaanlage) übernachten kann. Ein letztes Gespräch mit der Zentrale der Park-Ranger ergibt jedoch, daß unser Wunsch, an einer mehrtägigen Patrouille teilzunehmen, im Augenblick leider nicht zu erfüllen ist.

»Tut uns wirklich leid, aber zur Zeit sind all unsere Ranger mit anderen wichtigen Aufgaben betraut«, teilt man mir mit. »Und seit der Park nicht mehr vom Staat finanziert wird, sondern sich selbst tragen muß, leiden wir an einer chronischen Unterbesetzung.« Tja, da helfen dann auch die besten Empfehlungsschreiben nicht mehr weiter. Immerhin bekommen wir einen Interview-Termin mit einem Ranger – und haben nun zudem keinen Grund mehr, in ein Camp im Park überzusiedeln. *Highgrove House* liegt ja sozusagen gleich um die Ecke. Wir haben also das Vergnügen, noch zwei weitere Nächte bleiben zu können!

Früh am Morgen fahren wir über Hazyview zum Paul Krüger Gate. Die Berge liegen hinter uns, und das *Lowveld* wird seinem

Namen in diesem Teil vom Transvaal gerecht. Die afrikanische Savanne dehnt sich endlos bis zum Horizont und weit darüber hinaus. Es ist eine sonnenverbrannte, ausgedörrte Savanne, in der kaum noch grüne Flecken zu finden sind. Die Dürre scheint der Natur alle Frische und Leuchtkraft entzogen zu haben. Stumpfe Farben von Braun, Grau und Ocker, in die sich hier und da das Silber der Dornenbüsche mischt, bestimmen das Bild dieser ausgetrockneten Region.

Wir folgen der asphaltierten Landstraße nach Skukuza, das zwölf Kilometer vom Gate entfernt liegt und das größte Camp im Park ist. Schon auf den ersten Kilometern stoßen wir auf eine kleine Herde Impalas, die vor uns die Straße überqueren. Minuten später rollen wir im Schrittempo an vier Zebras vorbei, die keine fünfzehn Meter von uns entfernt zwischen den staubigen Akazien stehen und ihre Nahrungssuche kurz unterbrechen, um uns wachsam zu beäugen. Schon jetzt, wo wir es doch erst »nur« mit Impalas und Zebras zu tun haben, packt uns die Erregung und Faszination, diese Tiere in freier Natur aus solcher Nähe beobachten zu können.

Skukuza ist eine richtige kleine Ortschaft, wie ein Fort im Wilden Westen mit einem mächtigen Tor gesichert. Neben all den Rundhütten zum Übernachten sowie Geschäften, Caféteria, Postamt, Tankstelle, Freilichttheater und administrativen Gebäuden (alle reetgedeckt und im Baustil sehr schön der Natur angepaßt), finden wir hier auch das Büro von Park-Ranger Ian Milne, mit dem wir uns zu einem Interview verabredet haben.

Ian Milne, groß, breitschultrig und um die Vierzig, hat in Pretoria Zoologie und Säugetierkunde studiert, ist seit sieben Jahren Park Officer und arbeitet in der Abteilung für Umwelterziehung.

»Wir haben hier im Park drei verschiedene Abteilungen. Die erste heißt bei uns *Nature Conservation*, also Naturschutz, und sie umfaßt Forschung und Naturmanagement«, erklärt Ian. »Die zweite ist die technische Abteilung. Darunter fallen Baubetriebe sowie Maschinenpark und alles andere, was irgendwie mit Technik zu tun hat. Das ist übrigens eine sehr große Abteilung. Die dritte ist *Visitors Services*. Diese Abteilung befaßt sich mit allen Belangen

130

Interview mit Parkranger Ian Milne (in Skukuza). Er arbeitet in der Abteilung »Umwelterziehung« des Krüger-Nationalparks.

des Park-Tourismus, also mit den Camps zum Übernachten, den Geschäften, Caféterias und so weiter. Unsere Bettenkapazität im gesamten Park beträgt übrigens viertausend.«

»Ist das nicht sehr viel für ein Naturschutzgebiet?« gebe ich zu bedenken.

Ian Milne verneint. »Sie dürfen nicht vergessen, welch eine Ausdehnung der Park hat. Von Norden nach Süden sind es über 320 Kilometer, und die Breite variert zwischen 40 und 80 Kilometern. Den Besuchern steht ein Straßennetz von rund 1 800 Kilometern zur Verfügung, von denen jedoch nur ein Drittel asphaltiert ist. Die Besucher verteilen sich also über ein sehr großes Gebiet. Wir lassen täglich auch nur so viele Besucher ein, daß unser Konzept, daß auf anderthalb Kilometer Strecke maximal ein Auto kommt, nicht gefährdet ist. Zudem ist der Besucherstrom auch nicht das ganze Jahr hindurch gleich stark. Es gibt nur wenige Wochenenden sowie einige Ferienzeiten wie Ostern, wo wir wirklich einen Ansturm erleben, der reguliert werden muß, so daß jedes Gate seine Einlaßquote zugewiesen bekommt.«

»Wie viele Menschen sind überhaupt im Park angestellt?« fragt Helga.

»Insgesamt sind es 3 200.«

»Und wie viele davon sind Ranger?«

»Viel zu wenige!« Ian Milne lacht. »Wir haben 23 Sektions-Ranger. Eine Sektion umfaßt ein Gebiet von 40 000 Hektar. Jedem dieser 23 Sektions-Ranger sind zehn bis zwölf sogenannte Hilfs- oder Fuß-Ranger unterstellt, die in diesem Abschnitt auf Patrouille gehen.«

Wir kommen auf die Trockenheit zu sprechen, die in diesen Landstrichen schon seit fast drei Jahren andauert. »Drei Jahre ohne Regen . . .«

»Nicht ganz«, korrigiert er mich. »Letztes Jahr hatten wir zwei Gewitter mit Regen. Aber insgesamt erbrachten diese Gewitter nur 20 Prozent der sonst normalen Niederschlagsmenge. Im Norden scheint die Trockenheitsperiode aber offenbar beendet zu sein. Da hat es letztlich zwei schwere Regenfälle gegeben, und nun wächst dort wieder das Gras. Hoffen wir, daß der Regen auch zu uns kommt. Wir haben ihn bitter nötig.«

»Welche Auswirkungen hat diese Dürre auf das Ökosystem des Parks, besonders aber auf den Wildbestand?«

»Es gibt da sehr unterschiedliche Effekte zu beobachten. Während der Bestand an Impalas, der in guten Jahren ungefähr 130 000 Tiere erreicht, auf etwa 90 000 gesunken ist, haben sich die Gnus, die für ein Leben in der Halbwüste prädestiniert sind, kräftig vermehrt. Besonders hart von der jahrelangen Dürre betroffen sind die Büffel, da sie keine Blätter, sondern ausschließlich Gras fressen.«

Etwa 900–1000 Leoparden gibt es im Nationalpark, bei rund 7000 Elefanten und 2000 Löwen.

»Und wie sieht es mit Elefanten, Löwen und Leoparden aus? Wie wirkt sich die Trockenheit bei ihnen aus?«

»Was diese Tiere betrifft, so kontrollieren wir den Bestand künstlich. Die Zahl der Elefanten halten wir bei 7000, in guten Jahren lassen wir auch mal 500 mehr zu, und die der Löwen begrenzen wir auf rund 2000. Leoparden haben wir bedeutend weniger, etwa 900 bis 1000.«

»Sie greifen also in den Zyklus der Natur ein.«

Ian Milne zögert. »Ja, schon, aber so wenig wie irgendwie möglich. Dürre und Brände sind für die Natur keine Katastrophen, sonder wichtige Abschnitte eines normalen Zyklus. Feuer ist etwas, was wir *management tool* nennen, ein nützliches Werkzeug, weil es die Savanne von totem Gestrüpp und Holz befreit, den Boden düngt und zu einer Regeneration der Vegetation führt. Da aber ein Park wie dieser, auch wenn er noch so groß ist, letztlich doch kein völlig natürliches System ist, da die Umzäunung in schlechten Jahren wie diesen große Wanderbewegungen der Tiere unmöglich macht, greifen wir schon ein, zum Beispiel mit künstlichen Wasserstellen, die ein Überleben der Arten garantieren. Bei den Elefanten müssen wir unbedingt eingreifen und jedes Jahr einen Teil fangen oder ausschießen.«

»Haben Sie Probleme mit Wilderern?«

»Nicht, was Wilderer angeht, die es auf das Elfenbein der Elefanten abgesehen haben. Im ganzen letzten Jahr haben wir nur drei Elefanten an Elfenbeinwilderer verloren. Das hängt wohl mit dem weltweiten Bann zusammen, der übrigens auch uns als Park finanziell sehr schmerzlich trifft. Wir haben eine Halle, in der sich die Stoßzähne von Tieren bis zur Decke türmen, die eines natürlichen Todes gestorben sind oder die wir schießen mußten, um das Gleichgewicht aufrechtzuerhalten, denn zu viele Elefanten haben auf jede Landschaft eine verheerende Wirkung. Aber sogar wir können dieses Elfenbein, das viele Millionen wert ist, nicht verkaufen.«

»Sie betonen so sehr, daß sie mit Elfenbeinwilderern keine Probleme haben. Welche anderen Wilderer bereiten Ihnen dann Kopfschmerzen?« hake ich nach.

»Die Wilderer, mit denen wir es zu tun haben, sind diejenigen, die das Wild wegen ihres Fleisches töten. Sie müssen wissen, daß wir von vielen sehr armen schwarzen Gemeinden umgeben sind, und der Hunger treibt sie nachts in den Park und läßt sie wildern, vorwiegend Impalas, aber auch Gnus, Büffel und Giraffen«, berichtet er. »Sorgen bereiten uns auch die Schwarzen, die aus Mosambik nach Südafrika flüchten und dabei die Route durch das Wildschutzgebiet nehmen, was natürlich lebensgefährlich ist.«

Unser Gespräch wendet sich nach einer Weile dem unterschiedlichen Jagdverhalten der Raubtiere zu. Mich interessieren dabei hauptsächlich die Hyänen und die wilden Hunde, die allgemein immer noch als feige und hinterhältig eingestuft werden.

»Stimmt es denn nicht, daß die Hyänen in Wirklichkeit ausgezeichnete und sehr mutige Jäger sind, die jedoch oft genug von einer

Gruppe eher fauler Löwen nach dem Kill um ihre Beute gebracht werden und sich dann mit dem zufriedengeben müssen, was die Könige der Savanne ihnen übriglassen, nachdem sie sich die Bäuche vollgeschlagen haben?« fragte ich.

Er lacht. »Da ist schon etwas Wahres dran. Hyänen sind in der Tat hervorragende Jäger, die nicht darauf warten, daß ihnen ein anderes Raubtier Aas übrigläßt. Ich habe in Ostafrika schon mehr als einmal beobachten können, wie *Löwen* von Hyänen zur Strecke gebracht wurden.«

»Und wie beurteilen Sie die wilden Hunde?«

»Mit diesen Tieren habe ich mich im Rahmen einer Forschungsarbeit sehr intensiv beschäftigt. Es sind höchst interessante Tiere. Ihr Jagdverhalten im Rudel hat viel mit dem der Wölfe gemeinsam, auch was ihren sauberen und schnellen Kill betrifft. Löwen sind, vom humanen Standpunkt aus betrachtet, ausgesprochen primitive und grausame Schlächter. Die Art, wie sie ihre Opfer reißen und töten, hat absolut nichts Königliches an sich.«

Wir sind verwundert und bitten ihn um eine nähere Erläuterung.

»Der Kill sieht bei wilden Hunden zwar nicht sehr gut aus, doch das Opfer ist sehr schnell tot, in spätestens drei, vier Minuten. Und durch den Schock ist es zudem gleich so betäubt, daß es relativ wenig vom eigenen Todeskampf mitbekommt«, erzählt Ian Milne. »Löwen dagegen bereiten ihren Opfern keinen so schnellen Tod. Da dauert es manchmal zwanzig Minuten. Das ist grausam lang. Bei Leoparden und Geparden zieht sich der Todeskampf sogar noch länger hin, denn anders als die wilden Hunde, die ihrer Beute beispielsweise die Kehle zerfetzen und sie somit rasch zum Verbluten bringen, töten Löwen und Leoparden ihr Opfer durch langsames Ersticken. Das sieht zwar nicht so blutig aus wie bei den wilden Hunden, ist aber ein bedeutend qualvollerer Tod. Zudem ist das soziale Leben unter den wilden Hunden stark ausgeprägt und äußerst interessant zu beobachten.«

Wir unterhalten uns noch eine ganze Weile mit Ian Milne über die Tiere und den Kruger National Park. Dabei erfahren wir auch, daß dem Touristen nur ein ganz kleiner Teil des Parkes erschlossen ist – und zwar nur 4 Prozent! Es gibt riesige Gebiete, in die noch nicht einmal die Park Ranger mit ihrem *Nature Management* eingreifen, sondern die Natur sich völlig selbst überlassen ist.

In den acht Stunden, die wir nach dem Gespräch durch die Savanne fahren, überwiegend auf den Sandpisten, haben wir jedoch gar nicht das Gefühl, uns in einem sehr »erschlossenen« Gebiet aufzuhalten. Manchmal sehen wir eine halbe Stunde und länger keinen anderen Wagen – dafür jedoch viel mehr Tiere, als wir im stillen erhofft haben.

Impalas und Zebras begegnen uns so häufig, daß wir bald schon gar nicht mehr zur Kamera greifen, anhalten und uns die Hälse verrenken, sondern langsam vorbeirollen. Das schmälert jedoch nicht den Genuß und die Bewunderung für die Schönheit und Eleganz dieser Tiere. Affen, Meerkatzen und Paviane laufen uns ebenso häufig über den Weg. Einmal kommen wir sogar an einem Baum vorbei, in dem Dutzende von Affen herumturnen und einen Höllenlärm veranstalten. Einen großen Pavian überraschen wir an einer steinigen Wegkreuzung. Mit einer ärgerlichen Bewegung nimmt er vor uns Reißaus und verdrückt sich im Dickicht.

Dann unsere ersten Elefanten, drei an der Zahl. Ein gutes Stück von der Sandpiste entfernt trotten sie durch den Busch. Was für ein erhabener Anblick!

Wie viele Giraffen – und andere Tiere – wir anfangs glatt übersehen haben, weil unsere Augen noch nicht daran gewöhnt sind, Vegetation und Tarnfarben der Tiere voneinander zu trennen – wir wissen es nicht. Plötzlich jedoch ist uns, als hätte jemand einen Schleier von unseren Augen gezogen – und wir sehen keine zwanzig Schritte vom Wegrand entfernt zwei Giraffen, deren Köpfe in Dachhöhe eines normalen Einfamilienhauses zwischen den Bäumen stecken. Von nun an entdecken wir immer wieder Giraffen rechts und links im Busch. Dazu gesellen sich dann Zebras, Gnus, eine Herde Büffel, Warzenschweine mit ihren gebogenen Hauern und seitlichen Warzen am Kopf, dann und wann noch einmal eine kleine Gruppe Elefanten sowie Bleßböcke und eine Pferdeantilope. Eine Giraffe, die wir aufschrecken, spaziert sogar direkt vor unserem Wagen über die Straße. Ich bräuchte mich bloß weit aus dem Fenster zu lehnen, um sie berühren zu können. Sie ragt so riesig über uns

Die Vielfalt der Fauna im Park ist außerordentlich. Nur 4% des Geländes sind für Touristen zugänglich, der Rest ist sich selbst überlassene Natur.

auf, daß wir mit dem Wagen unter ihr hindurchfahren könnten, ohne die Unterseite ihres Bauches zu berühren.

Wir befahren den Südteil des Parks in einem großen Rundkurs mit einigen Abstechern, die sich auf der Karte eingetragen wie die Zacken an einer von Kinderhand gemalten Sonne ausnehmen. Zuerst nehmen wir uns das Dreieck Skukuza-Tschokwane-Lower Sabie vor. Dann geht es ganz hinunter in den Süden nach Crocodile Bridge. Von dort wenden wir uns wieder nach Nordwesten, um dann nach Afsaal abzubiegen und über Pretoriuskop zum Numbi

137

Lebhaftes Palaver im Baum. Wir sehen weit mehr Tiere und aus viel größerer Nähe, als wir je zu träumen gewagt hätten.

Gate zu gelangen, das nur 32 Kilometer von White River entfernt ist. Und die Wagen, die uns in diesen acht Stunden zwischen 10 Uhr vormittags und 18 Uhr am Abend begegnen, machen zusammen

Das Warzenschwein beachtet uns kaum. Die Tiere sind so an Besucher gewöhnt, daß sie sich nicht stören lassen.

kaum mehr als zwei Dutzend, die Strecken in der Nähe der Gates und der Camps einmal ausgenommen. Wir haben wirklich den größten Teil des Tages das Gefühl, diese endlose Savanne fast ganz für uns allein zu haben.

Es ist ein heißer Tag. Die Sonne brennt vom Himmel, und wir sind Mary für den mit köstlichen Sandwiches und kalten Getränken reich bestückten Picknickkorb aus Weidengeflecht sehr dankbar. Es ist verboten, aus dem Wagen auszusteigen, und das mit gutem Grund. Der Park ist und bleibt Wildnis, in der Raubtiere zu Tausenden in relativ freier Wildbahn leben – und töten.

Am frühen Nachmittag kommen wir über eine kleine Anhöhe. Die Sandpiste vor uns führt durch eine Art Hohlweg zu einer schmalen Brücke hinunter, die über ein ausgetrocknetes Flußbett führt.

»Schau doch mal dieses Vogelnest!« ruft Helga und deutet auf den großen Baum, der rechts vor uns aufragt und in dessen Geäst ein wahrhaftig gigantisches Vogelnest hängt. »Davon mußt du unbedingt ein Foto machen.«

»In Ordnung.« Ich fahre den Hang hinunter und lasse den Wagen langsam ausrollen, so daß er im vorderen Drittel des kurzen Hohlweges zum Stehen kommt. Das Fenster habe ich schon ganz heruntergekurbelt. Ich hänge mich nun aus dem Fenster, um das monumentale Vogelnest auch gut ins Visier zu bekommen.

Ich mache zwei Bilder, und dann irritiert mich plötzlich irgend etwas. Mein Blick wandert vom Nest nach unten – und fällt auf einen Löwen, der keine fünf Meter von mir entfernt liegt. Halb aufgerichtet. Seine Vorderläufe ruhen direkt an der Kante des Hügels, durch den der Hohlweg führt. Meine Augen sind dadurch mit seinen fast auf derselben Höhe.

Mir fährt der Schreck so sehr in die Glieder, daß mir beinahe die Kamera aus den Händen gleitet. Das Blut weicht mir aus dem Gesicht, und mir wird höllisch flau im Magen. Ich kann mich jedoch noch beherrschen, keine abrupten Bewegungen zu machen, und bringe meinen Oberkörper wieder ins Wageninnere. Ein Sprung des Tieres – und ich hätte das irdische Leben hinter mir!

»Holy Shit!« stoße ich hervor, noch immer ganz geschockt. »Ein Löwe!... Ein Riesenvieh!... Da, direkt auf unserer Höhe!... Einfach nicht zu glauben!«

Helga macht große Augen.

Mit einigem Bauchflattern richte ich die Kamera nun auf den Löwen und schieße schnell ein halbes Dutzend Bilder. Und dann erst entdecken wir den zweiten Löwen, genauer gesagt eine Löwin. Sie liegt zwei, drei Meter weiter links im Schatten des Baumes, hat uns aber natürlich schon längst scharf im Auge. Sie richtet sich jetzt mit einer fließenden, geschmeidigen Bewegung auf und kommt zwei Schritte näher, ganz nahe an den Rand der Hügelkante. Wir können nur ahnen, welch eine enorme Kraft und was für ein Sprungvermögen in den Gliedern dieser Raubkatzen stecken.

Ich mache rasch zwei, drei Fotos, während ich den Fuß von der Bremse nehme und den Wagen an den Löwen vorbei hinunter zur Brücke rollen lasse. Hier, in sicherer Entfernung, erholen wir uns erst einige Minuten von dem ebenso erschreckenden wie elektrisie-

*Fast »liebevoll« beschäftigen sich die Löwen mit ihrer Beute. Aber beim
Töten selbst sind sie weit grausamer als andere Raubtiere.*

renden Erlebnis, das uns das Adrenalin pur durch den Körper gejagt
hat. Erst jetzt spüre ich, daß mein Herz rast.

Wir fahren dann noch einmal vorsichtig und ganz langsam zurück. Erst jetzt wird uns bewußt, wie klug das Löwenpaar sich diesen
Platz ausgewählt hat. Von ihrer Position aus haben sie einen exzellenten Ausblick auf einen großen Teil des Flußbettes und der Umgebung – sozusagen der ideale Hochsitz für die Jagd. Wir können uns
glücklich schätzen, daß es noch so heiß ist und Löwen während der
heißen Tageszeit ruhen, um dann in den kühleren Abendstunden
auf die Jagd zu gehen.

Was für ein Erlebnis, diesen Königen der Savanne in freier Natur
so nahe gekommen zu sein!   Später, im Licht der untergehenden
Sonne, sehen wir noch einen dritten Löwen, der jedoch in einiger
Entfernung durch den staubigen Busch der Savanne zieht, sowie
mehrere Elefanten und zwei Flußpferde an einer Wasserstelle. All
das und die vielen anderen Tierbeobachtungen, die wir den ganzen

Tag über machen konnten, sind herrliche, aufregende Erlebnisse. Doch nichts kommt auch nur annähernd an jene Minuten heran, in denen wir uns in allernächster Nähe und quasi Auge in Auge mit den beiden Löwen befunden haben.

Wir hätten uns keinen schöneren Höhepunkt zum Abschluß unserer Rundreise durch Südafrika wünschen können. Am nächsten Morgen verlassen wir *Highgrove House* mit einem lachenden und einem weinenden Auge und bringen den Wagen nach Johannesburg zurück (aus versicherungstechnischen Gründen erlaubt keine Mietwagenfirma, zumindest keine mir bekannte, daß man mit dem Wagen Südafrika verläßt und die Grenze nach Zimbabwe oder Botswana überquert), machen vorher jedoch noch einen kurzen Abstecher nach Pretoria, wo wir dem Voortrekker-Monument einen Besuch abstatten, das ebenso wuchtig wie beeindruckend ist. Eine aus Granit erbaute Ringmauer symbolisiert die 64 Planwagen der Wagenburg vom Bloodriver, und die Heldenreliefs und die Kuppel im Innern des trutzigen, echt burischen Monumentes dürften auch auf kritische Geister ihre Wirkung nicht verfehlen. Wir kennen Pretoria von unserer ersten Reise her, und die Stadt mit ihren blühenden Jacaranda-Alleen gerade jetzt im Frühling ist einen längeren Aufenthalt wert. Doch dafür bleibt uns diesmal keine Zeit. Zimbabwe steht für die nächsten Tage auf unserem Reiseprogramm, und wir sind auf der morgigen Maschine der Air Zimbabwe von Johannesburg nach Bulawayo gebucht. Und in ein paar Tagen haben wir im *Victoria Falls Hotel* eine wichtige Verabredung – nämlich mit unserem Freund, Safariunternehmer und Buschpiloten Willy Zingg. Ein Treffen, das wir um keinen Preis verpassen wollen.

Zimbabwe und Botswana

Im Land der Matabele

Cecil Rhodes war ein steinreicher Mann, im wahrsten Sinne des Wortes. Mit *De Beers* kontrollierte er zwei Drittel der Weltförderung an Diamanten, und mit der Gründung der *Consolidated Goldfields of South Africa* 1887 sorgte er dafür, daß sein Geschäftsimperium sich auch noch auf eine solide Säule aus purem Gold stützen konnte. Seine wirtschaftlichen Erfolge führten auch zu wachsender politischer Macht in der Kolonie. 1884 erhielt er die Ernennung zum Finanzminister. Sechs Jahre später übernahm er als 37jähriger Premierminister die Regierung der Kapkolonie.

Doch Cecil Rhodes wäre nicht er selbst gewesen, wenn er sich damit zufriedengegeben hätte. Ihm ging es nicht allein um hohe Regierungsämter und ein möglichst großes Vermögen. In einer sarkastischen Rede vor *De Beers*-Aktionären sagte er einmal: »Aktionäre lassen sich in zwei Gruppen einteilen – in die einfallsreichen und die phantasielosen. Die letzteren verbringen ihr Leben damit, verbissen Geldsäcke zu füllen, die dann bei ihrem Tode von ihren Nachkommen für Wein, Frauen und Pferde geleert werden. Glücklicherweise haben wir jedoch auch die einfallsreichen Aktionäre . . .«

Cecil Rhodes war jedoch viel mehr als bloß einfallsreich. Er hatte imperialistische Visionen und wollte ein Reich aufbauen, das weit über die bestehenden Grenzen der Kolonie hinausging. Als er von reichen Erzvorkommen im Gebiet des heutigen Zimbabwe hörte, schickte er unter der Führung seines Vertrauten und Partners Charles Dunell Rudd eine Gesandtschaft, die in jener Zeit den Charakter einer gefährlichen und monatelangen Expedition hatte, in das Land der Matabele. Charles Rudd machte sich auf die 700 Meilen lange Reise nach Norden und verstand es, das Wohlwollen von König Lobengula zu erringen und die Abgesandten anderer interessierter Gesellschaften am Hofe des Matabele-Herrschers auszustechen. Lobengula unterzeichnete schließlich einen Vertrag, der Cecil Rhodes und seiner frisch gegründeten *British South Africa Company* das alleinige Abbaurecht aller Bodenschätze sicherte. Als Gegenleistung erhielt der schwarze König eine monatliche Pension in Höhe von £ 100 sowie 1 000 Martini-Henry-Gewehre und 100 000 Schuß Munition. Von dem mit Kanonen bestückten Dampfschiff auf dem Sambesi, das man ihm versprochen hatte, bekam Lobengula nicht mal die Rauchfahne zu sehen. Vielmehr sah er bald seine Macht im eigenen Land gefährdet, als weiße Siedler und die private Polizeitruppe der *British South Africa Company* (BSAC) ins Matabeleland strömten.

Die von der Londoner Regierung verliehene Charta, eine Art legaler Freibrief, stattete Cecil Rhodes und seine BSAC mit nahezu unbegrenzten Freiheiten und Machtfülle aus. »... über ein riesiges Territorium, das erst 1905 genauer umrissen wurde«, schrieb Charles Rudd Jahre später in einem Brief. »Nach Norden hin gab es überhaupt keine Begrenzung. Die Charta verlieh der Company die Macht, Verträge abzuschließen, Gesetze zu erlassen, eine Polizeitruppe zu unterhalten, neue Konzessionen zu erwerben sowie Straßen, Eisenbahnen und Häfen zu bauen ...«

Schon bald sprach man nur noch von »Rhodesien«, und genau das war es auch, Cecil Rhodes' eigenes Reich. Als Lobengula seine Matabele zu den Waffen rief, um sich gegen die Okkupation seines Landes zur Wehr zu setzen, ließ Rhodes Bulawayo, wo Lobengula regierte, angreifen und den König vertreiben. Bulawayo bedeutet »Der Ort des Tötens«, und der Ort machte in dieser Zeit, als die Matabele um ihr Land gebracht wurden, seinem Namen alle Ehre.

1896 schlossen sich die Shona den aufständischen Matabele an, die sich in das gut zu verteidigende Bergland der Matopos zurückgezogen hatten. Die Kämpfe erwiesen sich für beide Seiten als unerträglich verlustreich: Lobengula verlor im Laufe der kriegerischen

Auseinandersetzungen schätzungsweise 15 000 Mann und die Company eine Menge Geld. Keiner konnte, wenn auch aus unterschiedlichen Gründen, einen langjährigen Krieg verkraften.

1896 bot Lobengula seinem mächtigen Widersacher Cecil Rhodes Friedensverhandlungen an, bestand jedoch darauf, daß dieser sich völlig unbewaffnet zu ihm in die Matopos-Berge begab und sich damit auf sein Wort verließ, daß ihm nichts geschehen werde – nach all den blutigen Kämpfen der vergangenen Jahre!

Vieles konnte man Cecil Rhodes nachsagen, nicht jedoch, daß er keinen Mut gehabt hätte. Entgegen den dringenden Beschwörungen vieler Berater und Freunde begab er sich mit vier Begleitern unbewaffnet in die Matopos-Berge – und schloß mit den Matabele einen Frieden, an den er sich auch hielt. Bei diesen Friedensverhandlungen gelangte er in den Bergen an einen Ort, dessen Panoramablick ihn derartig überwältigte, daß er dieser Stelle den Namen »View of the World« gab und in seinem Testament bestimmte, man solle ihn hier und nirgendwo sonst begraben.

Eine Telegrafen- und Eisenbahnlinie von Kapstadt nach Kairo, quer durch das schwarze Herz Afrikas, blieb der große Traum von Cecil Rhodes, an dessen Verwirklichung er bis zu seinem Tod mit Besessenheit und unerschöpflich visionärem Eifer arbeitete. 1897 erreichte die Eisenbahn Bulawayo, wo noch vor wenigen Jahren der königliche Kraal gestanden hatte und sich nach Lobengulas Vertreibung weiße Siedler niedergelassen hatten. Ein Jahr später konnte auch die Verbindung nach Beira an der Küste der portugiesischen Kolonie Mosambik in Betrieb genommen werden. Den Streckenausbau nach Fort Salisbury und zu den Victoriafällen erlebte Rhodes jedoch nicht mehr.

Cecil John Rhodes starb 1902, während der Burenkrieg tobte, in der Nähe von Kapstadt an Herzversagen. Seine sterblichen Überreste wurden auf der Kuppe jenes Matopos-Berges beigesetzt, den er den »Blick über die Welt« genannt hatte. Sein Reich, das weiße Rhodesien, existierte keine hundert Jahre. Es ging 1980 nach fast zehnjährigem Buschkrieg der Schwarzen gegen die weiße Regierung unter Ian Smith unter, als aus dem alten Rhodesien die unabhängige schwarze Republik Zimbabwe wurde.

Unsere Reise nach Zimbabwe und Botswana setzen wir mit leichtem Gepäck fort. Zwei Koffer, überwiegend mit Akten und Büchern gefüllt, lassen wir in Johannesburg zurück.

Der Flug nach Bulawayo ist kurz und ereignislos. Die Zoll- und Paßformalitäten im stickig heißen Provinzflughafen dauern fast noch einmal so lange wie der Flug selbst. Aber derjenige Reisende, der sich nicht nur für die herrlichen Landschaften und Tierwelten Afrikas interessiert, sondern auch für das Verhalten seiner Menschen, wird dadurch entschädigt, daß er hier eine extrem aufgeblähte Bürokratie mit aberwitzigen Bestimmungen und subalternen Uniformträgern, die sich – mit dem entsprechenden Gebaren – für die direkten Nachkommen großer Könige halten, beobachten kann.

Nicht, daß die Beamten uns irgendwie unfreundlich behandelten. Weiße Touristen, die nicht das Kainsmal eines südafrikanischen Passes mit sich herumtragen, sind willkommene, gerngesehene Gäste und Devisenbringer. Nein, was diese Formalitäten kennzeichnet, sind penetrante Kleinlichkeit und sinnentleerte Gründlichkeit. Daß unser Gepäck genau und ohne Eile unter die Lupe genommen wird, ist dabei das geringste Übel. Die Devisenkontrolle und die auszufüllenden Papiere sind viel entnervender. Jeden Geldschein und jeden Reisescheck, egal in welcher Währung, muß man auf dem *Visitors Currency Certificate* deklarieren. Wann immer man einen Dollarschein ausgibt oder einen Reisescheck einlöst – jede dieser Transaktionen muß durch eine Quittung bei der Ausreise belegt werden. Mit den Devisen nehmen es die Beamten sehr genau, und man soll sich ja nicht mit mehr als den erlaubten 20 Zimbabwe-Dollar (zur Zeit etwas mehr als 6 DM) in der Tasche erwischen lassen – weder bei der Einreise noch bei der Ausreise.

Völlig verschwitzt und ein wenig genervt können wir den Brutofen endlich gegen den luftigen Rücksitz eines alten, verbeulten Taxis eintauschen, das uns in die zwanzig Kilometer entfernte Stadt bringt. Beim Anblick der blühenden Jacaranda-Bäume sowie der mannshohen Aloen und Kakteen entlang der Straße kehrt unsere gute Stimmung schnell zurück. Zumal unser Taxifahrer, ein Schwarzer vom Stamm der Matabele, uns geradezu überschwenglich in seiner Heimat willkommen heißt. Als er sieht, wie ich zum

Diktaphon greife, um einige Eindrücke sozusagen schweißfrisch festzuhalten, besteht er darauf, auch ein paar Worte in Ndebele, seiner Muttersprache, aufs Band zu sprechen.

Wir freuen uns über die Herzlichkeit, und gern überlasse ich ihm das Diktaphon. Aus den paar Worten wird jedoch ein minutenlanger Schwall von uns unverständlichen Worten. Der fremdartige Klang besitzt eine angenehme Sprachmelodie. Dieses besondere Gefühl der Schwarzen für Rhythmus in Sprache und Bewegung ist einfach faszinierend.

Als wir nach Bulawayo kommen und durch große slumähnliche Bezirke fahren, wird die Miene unseres Fahrers grimmig. »Und dafür haben wir gekämpft!« schimpft er. »Mugabe hat uns Mais und überhaupt Wohlstand versprochen. Und was ist passiert? Ein Großteil der Bevölkerung hungert! Um uns, das einfache Volk, kümmern sich die Politiker einen Dreck. Er ist eben ein Shona!«

Im letzten Satz klingt deutlich die Verachtung der Matabele für die Shona durch (beide nennen sich neuerdings nach ihrer Sprache Ndebele bzw. Mashona). Zwar herrscht seit einigen Jahren Frieden im Matabele-Land, doch beide Seiten haben die Jahre des blutigen gegeneinander ausgeübten Terrors nicht vergessen, die 1980 auf die Unabhängigkeit folgten und das Land der Matabele, die weniger als ein Fünftel der Bevölkerung stellen, besonders hart trafen. Unverziehen und unvergessen sind die Massaker, die die gefürchtete und nur aus Shona aufgestellte 5. Brigade unter den Matabele anrichtete.

»Er hat uns das Paradies des Kommunismus versprochen!« betont unser Taxifahrer noch einmal. »Doch gebracht hat er uns Hunger und Bankrott!«

Zimbabwe befindet sich in einer großen Krise, nicht nur wegen der Trockenheit und der katastrophalen Ernten der letzten Jahre, sondern wegen der Korruption der Regierung unter Mugabe und seinem jahrelangen Beharren, aus Zimbabwe einen stramm kommunistischen Einparteienstaat zu machen. Zwar sah sich der bekennende Marxist Mugabe unter dem wachsenden Druck oppositioneller Gruppen 1990 doch gezwungen, wieder Oppositionsparteien zuzulassen, aber die gefürchtete Geheimpolizei existiert noch immer.

»Ich denke, wir leben in einer Demokratie«, hören wir später von einer verbitterten schwarzen Buchhändlerin. »Nur Diktaturen brauchen eine Geheimpolizei, die herumschnüffelt und den Leuten Angst macht... und nicht nur das.«

Wir steigen im *Cresta Churchill* ab, einem stilvoll renovierten Inn, und besorgen uns erst einmal einen Mietwagen, denn die Schalter am Flughafen waren, aus welchen Gründen auch immer, geschlossen. Die Preise sind gesalzen. Zudem sind die Wagen alle einige Jahre alt und haben nicht nur viele Kilometer auf dem Tacho, sondern klappern auch dementsprechend. Aber wir brauchen nun mal ein Auto, und Hauptsache, der Motor ist in Ordnung.

Wir nutzen den Nachmittag, um uns Bulawayo anzuschauen. Aber wenn man diese Stadtbesichtigung nicht sehr gemächlich betreibt, ist man damit im Handumdrehen fertig. Bulawayo ist zwar nach Harare mit über 400 000 Einwohnern die zweitgrößte Stadt des Landes, hat dem Touristen aber nicht viel Sehenswertes zu bieten, von dem *Natural History Museum of Zimbabwe* und dem *Railway Museum* abgesehen, die man aber beide quasi im Vorbeigehen »mitnehmen« kann, um es mal salopp auszudrücken.

Es macht jedoch Spaß, ein bißchen herumzufahren, denn es gibt viele Parks und Grünanlagen, und die Straßen sind breit angelegt, was den Gründervätern zu verdanken ist. Denn wer damals einen sechzehnspännigen Ochsenwagen wenden wollte, brauchte dafür schon einigen Platz. Was Bulawayo auch zum Vorteil gereicht, ist seine immer noch überwiegend eingeschossige Bauweise und die Tatsache, daß viele Häuserblocks noch aus der Kolonialzeit stammen und mit ihren Fassaden, überdachten Veranden und Geschäftsarkaden nostalgisches Siedlerflair ausstrahlen. Wer sich nun das verlogene Bild von der schönen, alten Zeit der weißen Vorherrschaft bewahren möchte, dem sei geraten, seine Stadtbesichtigung nicht in den Nordwesten jenseits der Bahnlinie auszudehnen. Denn dort wird man nachdrücklicher als irgendwo sonst auf die Hinterlassenschaft der weißen Herren gestoßen, nämlich die elenden verslumten Townships aus der Zeit der Rassentrennung. Daß es der schwarzen Regierung unter dem Obermarxisten Mugabe in den vergangenen zwölf Jahren nicht gelungen ist, dieser Verelendung – im ganzen

Land – Herr zu werden, geschweige denn Zimbabwe zu besseren Verhältnissen zu führen, kann dabei nicht als Entschuldigung für die Verfehlungen der früheren weißen Regierungen herhalten.

Doch die Verbitterung unter schwarzen wie weißen Bürgern Zimbabwes ist groß. Die Weißen beklagen sich, daß alles vor die Hunde geht.

In der Bar unseres Hotels kommen wir schnell mit zwei weißen Farmern ins Gespräch, die nach der schwarzen Machtübernahme im Land geblieben sind. »Das Telefonnetz funktioniert kaum noch, und die Stromversorgung bricht immer wieder zusammen. Aber das ist noch gar nicht mal so schlimm, denn darauf kann man sich einstellen. Sogar mit dem chronischen Mangel an allen möglichen Ersatzteilen und Geräten kann man sich irgendwie arrangieren«, bekommen wir zu hören. »Aber dieses Landgesetz, das Mugabe im Frühjahr durchgebracht hat, das ist wirtschaftlicher Selbstmord.«

»Sie meinen das Gesetz, das es dem Staat erlaubt, weiße Großfarmer zu enteignen und die Entschädigung staatlich festzusetzen?« vergewissere ich mich.

»Genau das! Mugabe will diese Großfarmen aufteilen und dann kleine Parzellen an schwarze Kleinbauern verteilen. Das ist reine Beschwichtigungspolitik, die wirtschaftlich absolut nichts bringt!« erregt sich der eine Farmer. »Wenn wir weißen Farmer nicht wären, wäre Zimbabwe schon längst am Ende! Und daß ich das sage, hat verdammt nichts mit Rassismus zu tun, sondern mit den unterschiedlichen Farmmethoden.«

»Ganz schlimm an diesem verhängnisvollen Landgesetz ist jedoch die Unsicherheit, die sie bewirkt«, mischt sich der andere Farmer ein. »Niemand von uns weiß, ob er – und wenn ja, wann und für wieviel – enteignet wird. Dieses Gesetz schreckt nicht nur ausländische Investoren ab, die wir doch gerade jetzt bitter nötig hätten, sondern führt auch dazu, daß keiner von uns weiterhin Geld in seine Farm investiert.«

Das einzige Positive, was wir an diesem Abend erfahren, ist die übereinstimmende Meinung, daß die Versöhnung zwischen Schwarz und Weiß in Zimbabwe im großen und ganzen doch vorbildlich funktioniert hat.

»Nur sind allmählich die Hoffnungen, die Weiße *und* Schwarze an den Neubeginn unter Mugabe geknüpft hatten, zerronnen und durch Bitterkeit und wachsende Unruhe ersetzt worden«, lautet tags darauf der Kommentar einer jungen schwarzen Lehrerin, mit der wir am Morgen im Museum ins Gespräch kommen. »Und wenn man es wagt, sich seine eigenen Gedanken zu machen und zu kritisieren, ist man gleich ein Faschist und Verräter. Es ist eine schlimme Zeit.«

Nach unserem kurzen Museumsbesuch fahren wir hinaus zu den Matopos Hills, wo Cecil Rhodes sich mit den Matabele zu den *indabas*, den Friedensverhandlungen, getroffen hatte. Die Fahrt in die Berge ist nicht weit, es sind nur knapp vierzig Kilometer, doch es ist heiß, und unsere Klimaanlage hat Probleme, ihrem Namen einigermaßen gerecht zu werden. Der etwa 2 000 Quadratkilometer große Naturpark fasziniert durch seine wildromantische Landschaft mit ihren ungewöhnlichen urzeitlichen Felsformationen. Wir haben immer wieder eindrucksvolle Ausblicke auf hohe Granitdome, mächtige Felsbuckel, von Wind und Wetter abgeschliffene Vorsprünge und zerklüftete Schluchten. Die Hügel sind mit unzähligen Felsbrocken übersät, wie ein Kuchenblech mit reichlich Streuseln, von denen viele auffallend runde Formen haben und Kugeln sehr ähnlich sehen. Es sind wahrlich merkwürdige geologische Formationen, die das Bild der Matopos Hills prägen.

Wir fahren über den Hermit's Peak zur Bambata-Höhle, wo es Höhlenmalereien der Buschmänner zu bewundern gibt, und dann durch die Central Wild Area über weitere Buschmannshöhlen (Nswatugi und Pomongwe Cave) zum Shangani Memorial, wo wir den Wagen abstellen und zum *View of the World* hochsteigen.

Der manchmal sandige, manchmal steinige Weg windet sich durch eine Granitwildnis, hinauf auf die gerundete Kuppe eines Berges, auf der riesige Felsblöcke wie gigantische Kegelkugeln aus Granit liegen. Manche dieser Blöcke sehen so aus, als müßten sie sich jeden Augenblick in Bewegung setzen und unter urtümlichem Poltern zu Tal stürzen.

Die Hitze und der steil ansteigende Weg bringen uns gehörig ins Schwitzen, doch das, was den Besucher hier oben erwartet, wo Cecil

Cecil Rhodes' Grab in den Matopos Hills.

John Rhodes unter einer schweren Bronzeplatte begraben liegt, entschädigt für alles.

Der Panoramablick erstreckt sich über 360 Grad. Man kann sich drehen und wenden, wie man will, der Blick geht ungehindert über eine urzeitlich wilde Landschaft. Man blickt über Berge und Täler hinweg, ohne eine Menschenseele, geschweige denn eine Siedlung zu entdecken. Nichts als Berge, Buschland und diese Granitfelsen, die die Landschaft bedecken, als wäre hier einst in prähistorischen Zeiten ein Hagelschauer aus Granit niedergegangen.

Wir sind einmal mehr von der Einsamkeit und Großartigkeit der Natur überwältigt. View of the World. In der Tat! Der alte Cecil Rhodes hatte schon guten Grund, von diesem Ort in solchen Tönen zu schwärmen und sich hier begraben zu lassen.

»Erinnerst du dich noch an die Szene in *Jenseits von Africa*, wo Merryl Streep als Tania Blixen ihren Geliebten auf so einer Bergkuppe begrub?« fragt Helga, als wir uns neben der bronzenen Grabplatte auf den Boden setzen, um wieder zu Atem zu kommen und diese unvergleichliche Aussicht zu genießen.

»O ja, eine tolle Szene... landschaftlich wie emotionell. Die beiden Schwarzen, die da Wache hielten, und dann die beiden Löwen, die sich diese Stelle, von der man so endlos weit über die Savanne blicken konnte, als liebsten Ruheplatz ausgesucht hatten«, erinnere ich mich nur zu gut.

»Mir sind die Tränen nur so über das Gesicht gelaufen«, sagt Helga mit belegter Stimme. »Nicht nur, weil Redford tot und alles so traurig war. Es war dieses ergreifende Bild von Afrika...«

»Ja«, antworte ich nur leise und drücke ihre Hand. Wir sind ganz allein hier oben – und unter uns liegt die Welt.

Buschbrand

Die Nacht ist grausam kurz. Es ist noch dunkel, als uns das Schrillen des Telefons aus dem Schlaf reißt. Benommen hebe ich ab.

»Mr. Schröder, Sie wollten geweckt werden«, meldet sich der Nachtportier mit unverschämt munterer Stimme.

»Es ist jetzt zwanzig nach vier.«

Ich murmele einen Dank, lege auf und widerstehe nur mühsam der Versuchung, mich wieder ins Kissen zu kuscheln und damit den Besuch des *Hwange National Park* einfach von unserem Programm zu streichen. Denn von Bulawayo bis zum Haupteingang sind es gute dreihundert Kilometer. Wer in einem der ganz im Westen des Parks gelegenen Camps übernachten will, und das beabsichtigen wir, darf das Gate im Osten nicht später als 14 Uhr passieren. Zudem wollen wir für die Erkundung des Parks und für Tierbeobachtungen mehr als nur vier, fünf Stunden Zeit haben. Uns ist natürlich klar, daß wir auch bei einem vollen Tag nicht mehr als einen ersten oberflächlichen Eindruck von Hwange bekommen können, dafür ist es mit seinen über 16 000 Quadratkilometern auch viel zu groß. Aber auf uns warten ja noch zehn Tage Buschcamp-Leben in der Wildnis von Botswana.

Wir quälen uns also aus den Betten und wünschen, wir hätten nicht bis halb eins in der Hotelbar ausgeharrt, so interessant die Gespräche auch waren. Gott sei Dank haben wir so gut wie nichts getrunken, so daß wir wenigstens nicht auch noch unter einem Kater zu leiden haben.

Frühstück gibt es zu dieser frühen Morgenstunde natürlich nicht, aber immerhin doch heißen Tee und Toast. Letzterer ist jedoch so verbrannt, daß er gut und gerne als quadratischer Kohlefilter durchgehen könnte.

Doch was für ein herrlicher Morgen erwartet uns draußen! Als wir vor das Hotel treten und unser Gepäck in den Wagen laden, dämmert der neue Tag herauf. Noch verbirgt sich die Sonne hinter dem östlichen Horizont, doch die erste Flut blaßgoldenen Lichtes, mit Spuren von Rosa, verwaschenem Blau und hellem Jadegrün, hat sie schon vorausgeschickt.

Auf den Straßen und Plätzen herrscht noch verschlafene Morgenstille. Aber die Vogelwelt ist schon putzmunter. Das Gezwitscher in den Bäumen, Büschen und Hecken ist laut und vielstimmig und so voller Lebensfreude, wie die Luft noch herrlich klar und frisch ist. Das Bellen und Heulen einiger Hunde in der Nachbarschaft und das ausdauernde Gekrähe mehrerer Hähne, die sich bei all dem Getriller und Gezirpe nicht lumpen lassen wollen, rundet die Morgensymphonie von Bulawayo ab.

Unser Wagen weigert sich erst einmal, zu so früher Morgenstunde anzuspringen. Das ärgerliche Orgeln des Motors erregt den Unwillen von mindestens einem halben Dutzend Hunden, die sich bisher nicht am Morgenkonzert beteiligt haben, sich jetzt aber nachdrücklich zu Wort melden. Endlich, kurz bevor die Batterie leer ist, springt der Motor stotternd und hustend an.

Unsere Müdigkeit ist verflogen, als wir durch die stillen Straßen von Bulawayo fahren, während der Himmel immer kräftigere Farben annimmt. Wir haben die Landstraße fast ganz für uns allein, und die aufgehende Sonne vergoldet das Buschland und läßt für eine kurze Zeitspanne die extreme Trockenheit vergessen, die seit zwei Jahren das Land quält. Als die Sonne höher steigt und an Kraft gewinnt, verlieren die weiten *bushlands* zu beiden Seiten der Straße jedoch den Zauber der frühen Morgenstunde und beeindrucken nur noch durch ihre Kargheit und Eintönigkeit. Die schäbigen Hütten und kleinen Siedlungen der Schwarzen, an denen wir dann und wann vorbeikommen, scheinen sich unter der gleißenden Sonne zu ducken. Und nur, wer hier nicht leben muß, kann die Dreistigkeit besitzen, entsprechende Fotos im Reiseführer mit »Malerische Hütten der Eingeborenen« oder ähnlich zu untertiteln. Wir überholen einen hochbeladenen Karren, der von einem müden Esel gezogen wird. Der Schwarze, der den Esel führt, macht einen nicht minder erschöpften, abgehärmten Eindruck.

Irgendwo zwischen Bulawayo und dem Hwange-Park weigert sich unsere Klimaanlage, den Kampf gegen die zunehmende Hitze fortzusetzen.

Helga, die Hitze sehr gut vertragen kann, nimmt es dementsprechend gelassen. »Afrika und Klimaanlage passen sowieso nicht zusammen. Wenn man sich später erinnert, muß man sich auch an die Hitze und den Geruch der flirrenden Luft erinnern.«

Wir kurbeln alle Fenster herunter. Der Fahrtwind bringt ein wenig Linderung, ist aber letztendlich auch nur heiße Luft. Oh, ich bin sicher, daß ich mich später sehr gut an diese Fahrt erinnern werde, nicht nur an die Hitze und den Geruch der über dem Asphalt flirrenden Luft, sondern ganz besonders an den Schweiß, der mir über das Gesicht läuft und meine Sachen durchtränkt.

Das Main Gate des *Hwange National Parks* erreichen wir, nach einer langen Frühstücksrast unterwegs, gegen kurz nach elf. Große Teakbäume werfen Schatten auf die gepflegte Gartenanlage mit ihren Rasenflächen, die vielleicht nicht so saftig grün wie in anderen, regenreichen Jahren, aber immerhin noch um vieles ansehnlicher aussehen als der verdorrte Busch, in dem das Main Camp wie eine kleine Oase inmitten einer riesigen Wüste liegt.

Wir sind noch keine fünf Kilometer vom Gate entfernt, als wir unsere erste aufregende Tierbeobachtung machen. Drei Giraffen. Wenig später begegnet uns ein Dickhäuter. Es folgen Zebras und Impala-Herden.

Die Faszination läßt uns die Hitze vergessen. Langsam folgen wir der Schotterstraße und suchen den Busch nach Wild ab. Jeder Augenblick kann eine neue Überraschung bringen.

Es ist kurz nach ein Uhr, als wir merken, daß irgend etwas nicht stimmt. Im ersten Augenblick können wir es jedoch nicht benennen.

»Sieh dir mal den Himmel an«, sagt Helga.

»Grau wie Blei.«

Einige Minuten später geht dieses Grau in ein Rostbraun über. Die Sonne verschwindet hinter diesem unwirklich rötlichen Schleier. Unruhe erfaßt uns, doch keiner wagt seine Vermutung auszusprechen, aus Furcht, die Gefahr damit erst herbeizureden. Doch dann, als wir einen ausgetrockneten Flußlauf überqueren und auf der anderen Seite eine Hügelkette hochfahren, gibt es keinen Zweifel mehr.

»Riechst du was?« frage ich.

»Ja, Rauch!... Da brennt irgendwo was!« antwortet Helga, und sie schluckt so schwer wie ich.

Wir können den Rauch nicht nur riechen, sondern Sekunden später auch sehen. Wie Nebel dringt er auf der linken Seite aus dem Unterholz. Und als ich in den Rückspiegel schaue, fährt mir ein Höllenschreck in die Glieder. Auch hinter uns hat sich dieser rostige Vorhang über den Himmel geschoben und wallen dicke Rauchwolken über den Busch, aber nicht nur auf der linken Seite, sondern auch rechts. Im Handumdrehen ist überall Rauch, wohin wir auch blicken.

»Da brennt nicht irgend etwas, sondern der verdammte Park steht in Flammen!« stoße ich hervor.

Helga wird blaß, und ich habe sicher auch schon mal mehr frische Farbe im Gesicht gehabt. »Und was jetzt?«

»Wenn wir bloß feststellen könnten, wo das Feuer ist und in welche Reichtung es brennt«, sagte ich mit belegter Stimme, nachdem ich vergeblich versucht habe, die Windrichtung festzustellen.

»Sollen wir mit vollem Tempo zurück- oder weiterfahren?«

Wir wissen es nicht. Zudem ist bei einer Schotterpiste, die sich mit zahllosen Kurven und Schleifen durch den Busch windet, schlecht zu sagen, in welche Richtung man letztlich fährt.

Aber irgend etwas *müssen* wir tun. Wir können hier nicht stehenbleiben, tatenlos abwarten und beten, daß sich das Feuer nicht auf uns zu bewegt.

»Da sind Flammen!« schreit Helga plötzlich. Ich habe die Flammen im selben Moment bemerkt. Es ist keine Feuerwand, die von halb links hinten auf uns zukommt, aber auf einer Breite von mindestens fünfzig Metern fressen sich gut hüfthohe Flammen durch das Unterholz.

Der Anblick wirkt wie ein elektrischer Schlag und treibt unseren Pulsschlag mit Sicherheit auf über 200. Ich gebe Gas und jage den Wagen über die Piste.

Der Rauch steigt rechts und links der Straße viele Meter hoch in den Himmel. Und wir sehen Feuer überall im Busch. Die Flammen züngeln bis an den Straßenrand heran. Wir müssen alle Fenster und Lüftungsklappen schließen. Die Temperaturen im Wagen rasen in die Höhe. Es ist wie in der Sauna. Und dazu kommt die Hitze unserer Beklemmung, ja Angst.

Ich fahre, so schnell ich kann. Der Wagen schlingert durch die Kurven, und mir ist, als könnte ich spüren, wie das Feuer um uns herum die Karosserie glühendheiß werden läßt.

Der Benzintank!

Haben wir den richtigen Weg eingeschlagen?

Oder fahren wir mitten ins Zentrum?

Wo bleibt bloß die verdammte Asphaltstraße?

Was in diesen Minuten um uns herum passiert und was uns an erschreckenden Gedanken durch den Kopf jagt, hinterher erinnern wir uns nur noch vage daran. Die Erinnerung ist wie ein Film, der viel zu schnell läuft und dadurch an Schärfe und Detailreichtum verliert. Wir haben auf unseren Abenteuerreisen schon viele gefährliche Situationen erlebt, aber diese zehn, zwölf Minuten, die wir durch dichten Rauch und Feuer rasen, auch wenn dieses Feuer nicht wie in Filmen als solide, laut brüllende Flammenwand sein Werk der Vernichtung tut, erscheinen mir als die längsten und zugleich als die kürzesten meines Lebens.

Die Vorstellung, vom Feuer eingeschlossen zu werden und im Wagen zu ersticken, jagt uns einen Schauer nach dem anderen durch den Körper. Wir reden sehr wenig, starren nach vorne. Rauch dringt trotz geschlossener Fenster und Lüftungsklappen ins Wageninnere und reizt Kehle wie Augen.

»Bestimmt haben wir das Schlimmste schon hinter uns«, sagt Helga leise.

»Ja, wir kommen hier schon raus!«

Uns kommt das Gefühl für die Zeit abhanden. Sekunden werden zu Minuten und Minuten zu Sekunden.

Plötzlich lichtet sich der Rauch. Wir sehen wieder mehr vom Himmel, auch wenn er noch immer wie mit Ocker gefärbt ist. Und dann taucht vor mir die asphaltierte Piste auf. Ohne vom Gas zu gehen, reiße ich den Wagen herum.

Wir haben es geschafft. Es besteht nun kein Zweifel, daß sich das Zentrum des Feuers hinter uns befindet und wir die Ausläufer erreicht haben.

Einige Kilometer weiter, als sich unser Pulsschlag wieder beruhigt hat und wir uns fast in euphorischer Stimmung befinden, weil wir dieser Gefahr, wie groß sie auch immer gewesen sein mag, entkommen sind, denke ich daran, daß man uns diese Geschichte zu Hause bestimmt nicht glauben wird, wenn wir nicht wenigstens einige Bilder vorweisen können. Und so steige ich aus und mache schnell ein paar Fotos. Wir befinden uns zwar nicht mehr in Gefahr, aber auch jetzt begleiten uns Rauch und Flammen zu beiden Seiten der Straße noch für einige Kilometer.

Wir beschließen, an unserem Programm festzuhalten und in den Nordwesten zu einem der Camps zu fahren, um dort die Nacht zu verbringen. Der Rückweg zum Main Camp im Osten ist uns durch das Feuer sowie abgeschnitten.

Kurz hinter der Mopane Pan kommen uns zwei klapprige Lkw entgegen. Auf der offenen Ladefläche sitzen ein Dutzend Schwarze, bewehrt mit Schaufeln und anderem primitivem Gerät. Sie unterhalten sich laut und fröhlich.

Wir halten und erhoffen uns vom Fahrer einige Informationen über das Feuer und Verhaltensmaßregeln. Und irgendwie erhoffen wir uns wohl auch, daß man uns ein paar lobende, aufmunternde Worte sagt, weil wir doch mit heiler Haut aus dieser Situation herausgekommen sind.

Aber nichts dergleichen. Der Schwarze zuckt nur gelassen die Achseln. »Der Park brennt.«

Wie aufschlußreich! »Und was sollen wir tun?«

Wieder dieses fatalistische Achselzucken. »Fahren Sie ruhig weiter. Wir haben alles unter Kontrolle. Ist ja bloß ein kleiner Teil vom Park, der brennt. So was kommt ständig vor.« Ein lässiges Winken, gefolgt von einem Getriebeknirschen, und die Lkw fahren an uns vorbei. Die Schwarzen auf der Ladefläche schwatzen und lachen noch immer, und irgendwie bin ich mir sicher, daß das Feuer nicht ihr Gesprächsthema ist.

Ernüchtert fahren wir weiter. Nach einer Weile überwiegt jedoch die Freude, diesem Buschbrand mit heiler Haut entkommen zu sein – und die Freude an dem vielen Wild, das wir in den nächsten Stunden noch zu sehen bekommen.

Die Nacht verbringen wir in einer einfachen Hütte im Sinamatella Camp, das auf der Kuppe eines Granitberges liegt und von dem wir kurz vor Sonnenuntergang noch einen atemberaubenden Ausblick auf den unter uns liegenden Busch und große Herden grasender Büffel und Zebras genießen können.

Trotz aller Müdigkeit können wir nicht einschlafen und liegen noch lange wach.

Der Rauch, der donnert

Der frühe Morgen ist von trügerischer Kühle. Der Schwarze, der trockenes Holz unter den Wassertank schichtet, ein Feuer entzündet und so für warmes Wasser sorgt, versichert jedoch, daß uns wieder ein heißer Tag bevorsteht.

Er behält recht. Schon um neun ist von der prickelnden Frische der Morgenstunden nichts mehr geblieben als die Erinnerung daran. Wir sind recht froh, daß es bis nach Victoria Falls vom Sinamatella Camp nur noch zwei Stunden gemächlicher Fahrt sind. Und was sind nach den rund 6 700 Kilometern, die wir in Südafrika gefahren sind, jetzt noch 200 Kilometer? Wir freuen uns auf das Wiedersehen mit Willy Zingg und natürlich auf die weltberühmten Wasserfälle.

In der kleinen, 5 000 Einwohner zählenden Ortschaft Victoria Falls gibt es mehrere gute Übernachtungsmöglichkeiten. Für uns kommt jedoch nur das alte, traditionsreiche *Victoria Falls Hotel* in Frage, das ganz im britischen Kolonialstil gebaut ist, mit weitläufigen Gartenanlagen und Swimmingpool, einem herrlichen Innenhof und wunderschön großen, hohen kühlen Räumen. Der verblichene Glanz tut der besonderen Atmosphäre dieses Hauses keinen Abbruch, im Gegenteil. Er erinnert an die besondere Ausstrahlung einer ins hohe Alter gekommenen Grand Dame mit viel Stolz und Würde, die längst ihr Vermögen verloren hat wie England sein Empire und sich dies in ihrer äußeren Erscheinung nicht anmerken lassen will, was ihr aber von Jahr zu Jahr weniger gelingt.

Die Wasserfälle, die der Missionar und Afrikaforscher Dr. David Livingstone am 16. November 1855 nach monatelangen Strapazen wohl als erster Weißer zu Gesicht bekam und zu Ehren Königin Victorias benannte, liegen weniger als einen Kilometer vom Hotel entfernt. Man kann sie jedoch schon hören, lange bevor man sie sieht.

Mosi oa tunya – Der Rauch, der donnert. So nannten die Eingeborenen die Fälle, und es ist ein treffender Name, denn der Donner ist wahrhaftig weithin zu hören, wie auch die in den Himmel steigende Gischt schon aus großer Entfernung zu sehen ist. In wasserreichen

159

Jahren soll man die Gischtschleier noch in 60 Kilometer Entfernung sehen können.

Wir checken im Hotel ein, geben den Mietwagen ab und können dann gar nicht schnell genug durch den Regenwald, der die Ufer des Sambesi und die Felshänge wie mit einem dichten Gürtel wildwuchernder Fruchtbarkeit bedeckt, zu den ersten Ausblickspunkten gelangen. Alle Gewächse schimmern feucht durch die kilometerweit sprühende Gischt. Wir beginnen unseren Rundgang am westlichen Ende der über hundert Meter tiefen und steil abfallenden Schlucht, die sich im rechten Winkel zu den Fällen erstreckt. Dort steht auch die bronzene Statue von David Livingstone. Und was für ein An- und Ausblick!

Uns gegenüber stürzt ein Teil des Sambesi über den Devil's Cataract fast hundert Meter in die Tiefe. Aber das ist nur ein Teil der Victoriafälle, die auf einer Breite von 1 700 Metern unter unglaublichem Donnern und Tosen über die scharfe Abbruchkante stürzen. Der Weg durch den Regenwald am Rand der Schlucht führt zu immer neuen Ausblicken: auf die Main Falls, die Rainbow Falls und den Eastern Cataract am östlichen Ende der Schlucht.

Wir verbringen über eine Stunde an den Fällen und können uns an diesem grandiosen Schauspiel der Natur nicht sattsehen. Wie wir hören, führt der Sambesi dieses Jahr verhältnismäßig wenig Wasser, aber was bedeutet dieses »verhältnismäßig wenig« schon. Die Gischtwolken, die in regenreichen Jahren bis zu 450 m in den Himmel steigen, sind auch mit 200 und 300 m Höhe beeindruckend. Und ob »nur« 350 Millionen oder 600 Millionen Liter Wasser *pro Minute* in die Schlucht stürzen – was ändert das an der Faszination der Fälle, der geologischen Formationen und des dichten Regenwaldes inmitten ausgedörrten Buschlandes? Wir haben mehrfach die Niagara-Fälle an der kanadisch-amerikanischen Grenze besucht und standen auch im Dschungel von Brasilien vor den Iguazú-Fällen. Welche von den Fällen die schönsten sind, vermögen wir dennoch nicht zu sagen, und wir wollen ein solches Urteil auch gar nicht fällen. Jede Landschaft hat ihre eigene Großartigkeit und Erhabenheit.

Am Abend nehmen wir in einem recht überzeugend nachgebauten Eingeborenen-Kraal, der sich auf dem Gelände des *Victoria Falls*

Die mächtigen Victoriafälle am Sambesi. Mosi oa tunya – Der Rauch donnert – war der treffende Name der Eingeborenen für dieses Naturschauspiel.

Hotels befindet, an einer Darbietung afrikanischer Tänze und Gesänge teil.

Eigentlich haben wir für diese oberflächlichen Touristenshows nichts übrig, und wenn uns das britische Ehepaar, das wir beim Abendessen unter freiem Himmel kennengelernt haben, nicht gut zugeredet hätte, hätten wir uns auch nicht im Innern dieses Kraals vor den Hütten auf dem freien, sandigen Platz mit den anderen Touristen eingefunden.

Aber wir bereuen es nicht, daß wir uns haben überreden lassen. Die Gesänge sind wirklich ausgezeichnet, die Tänze haben tatsächlich noch viel Ursprüngliches, und von den Masken, die wir zu sehen bekommen, sind wir geradezu begeistert.

Ich stelle mir vor, wie mutig die Führer der Voortrekker, die Elfenbeinjäger und Männer wie Cecil Rhodes gewesen sein müssen, um so weit in die Wildnis vorzudringen, sich in die Kraals der

161

Häuptlinge zu begeben und dann mit ihnen zu verhandeln. Auch wenn sie noch so gut bewaffnet waren, so nutzten ihnen all ihre Vorderlader, mit denen auch ein exzellenter Schütze nicht mehr als vier Schuß pro Minute abgeben konnte, doch nichts, wenn sie nicht Nerven wie Drahtseile und das Format hatten, mächtige Stammesfürsten, die über Tausende von Kriegern befehligten, zu beeindrukken.

Nach der Vorstellung gehen wir noch einmal zu den Wasserfällen hinunter. Der Himmel ist nur leicht bewölkt. Die Sterne funkeln, und der Mond wirft ein silbrig milchiges Licht über die Szenerie, die fast etwas Unwirkliches hat. Für eine Weile vergessen wir, daß wir im 20. Jahrhundert leben, in einem 4-Sterne-Hotel mit allem Komfort die Nacht verbringen und morgen in eine Sportmaschine steigen werden, um in die Wildnis von Botswana zu fliegen und dabei in ein, zwei Stunden eine Strecke zurückzulegen, für die Afrikaforscher wie Stanley und Livingstone Wochen, ja Monate größter Strapazen gebraucht haben.

Der Anblick der Fälle im Mondlicht macht mir eine Gänsehaut und ist unvergeßlich, wie so vieles auf dieser Reise. Das Donnern der in die Schlucht stürzenden und dort brodelnden Wassermassen verfolgt uns bis in den Schlaf.

An der Nabelschnur des Ursprungs

Mit wachsender Ungeduld erwarten wir am nächsten Tag Willys Ankunft. Kurz nach halb eins hat das Warten endlich ein Ende. Fröhlich kommt er durch die Halle, verschwitzt, ganz in Khaki, braun wie ein Löwe und die von Lachfältchen umgebenen Augen hinter den verspiegelten Gläsern einer Pilotenbrille verborgen.

Er hat vier seiner Gäste, die bei ihm auf Safari waren, nach Victoria Falls ausgeflogen. Morgen werden sie mit der Air Zimbabwe nach Johannesburg fliegen.

»Sorry, daß ich spät bin. Ich wollte eigentlich schon am Morgen abfliegen, aber die beiden Ehepaare wollten zum Abschluß unbedingt noch mal auf Pirsch gehen.«

Ankunft im Okavango-Camp. Das Okavango-Delta ist eine blühende Region, die von einem sich weit ausfächernden Fluß bewässert wird.

Wir genehmigen uns einen kalten Drink und stoßen auf unser Wiedersehen an, wir mit Gin-Tonic, er mit Cola. »Alkohol und Fliegen vertragen sich schlecht miteinander. Apropos fliegen, wir sollten gleich aufbrechen. Ich muß noch einen kurzen Zwischenstopp am Savuti River im *Chobe National Park* machen. Wir haben da ein kleines Zeltlager, das immer abgebaut wird, wenn es nicht von Safari-Gästen benutzt wird.«

»Von uns aus kann es losgehen, Willy, jederzeit.« Was sehr untertrieben ist. Wir können es gar nicht erwarten, in seine Maschine zu steigen und zu seinem Camp am Okavango zu fliegen.

In der einmotorigen, sechssitzigen Piper Cherokee herrscht eine brütende Hitze. Ich nehme vorn neben Willy auf dem Copiloten-Sitz Platz und wünsche mir einmal mehr, ich würde endlich die Zeit finden, um meinen Pilotenschein zu machen. Immerhin habe ich schon 30 Flugstunden und die Sprechfunklizenz.

Noch können die Frischluftdüsen nicht viel gegen die Hitze im Innern ausrichten, und so halten wir die Türen halb auf, bis wir vom

163

Tower die Startfreigabe erhalten. Ein letzter Check, dann gibt Willy Vollgas. Die Cherokee rast über die Betonbahn und hebt Augenblicke später vom Boden ab.

Natürlich fliegen wir erst noch eine Runde über die Fälle und bewundern das Naturschauspiel aus der Vogelperspektive. Wir meinen, trotz des Motorengeräusches das Donnern der Fälle hören zu können. Erst von hier oben wird einem die gewaltige Breite des Sambesi bewußt, der im Norden Sambias nahe des Kalene Hill entspringt und mit seiner Länge von 2 700 km der viertlängste Strom Afrikas ist. Die großen wie kleinen Inseln mitten im Strom und ganz nahe an der Absturzkante sehen wie primitive Flöße aus, die scheinbar unaufhaltsam dem vernichtenden Sturz in die gischtende Tiefe entgegenstreben.

Schließlich legt Willy die Maschine in eine weite Kurve, und wir nehmen Kurs auf den *Chobe National Park*. Unter uns liegt die trockene Savanne von Botswana wie ein Teppich, der ausschließlich aus Brauntönen gewebt ist. Die Sonne blendet, trotz unserer starken Sonnenbrillen. Wir fliegen zu hoch, um gut Wild ausmachen zu können. Doch hier und da sehen wir eine Sandpiste, die wie mit dem Lineal gezogen durch den Busch schneidet, scheinbar aus dem Nichts kommend und sich auch im Nichts jenseits des Horizontes verlierend.

Wir haben eine gute Stunde Flug vor uns, und ich nutze die Zeit, um Willy über Botswana und das Leben auszufragen, das uns in seinem Camp am Okavango erwartet.

Er lacht. »Der Flug ist für das, was ich dir alles erzählen könnte, nicht annähernd lang genug.«

»Fangen wir mit einer kleinen Einführung an, sozusagen zur Einstimmung«, sage ich.

Willy Zingg gehört nicht zu jener Sorte Männer, die man erst lange bitten muß, eine Geschichte zu erzählen. Er erzählt gerne, sehr anschaulich und, was den wenigsten gegeben ist, auch noch mit großem unterhaltsamem Talent.

Er stellt den Autopiloten ein und dreht sich etwas zu uns herum. »Ich bin schon in vielen Ländern Afrikas gewesen, und ich führe auch immer noch gern Gruppen nach Namibia, Ruanda, Tansania und Kenia, aber Botswana ist meiner Meinung nach in seiner relativen Unverfälschtheit ein Stück Afrika, das es andernorts auf diesem Kontinent leider nicht mehr gibt. Kein anderes Land auf dem Schwarzen Erdteil hängt noch so eng an der Nabelschnur seines Ursprungs wie Botswana. Die Lebensfeindlichkeit dieses Landes, in dem auch die Kalahari liegt, hat von Anfang an Siedler abgehalten und bis in unsere heutige Zeit dafür gesorgt, daß Botswana von all den negativen Entwicklungen, wie wir sie aus Südafrika, Zimbabwe und anderen afrikanischen Ländern her kennen, verschont geblieben ist. Das Land ist größer als Frankreich und hat doch bloß eine Bevölkerung von etwa einer Million. Und von denen wohnt der größte Teil in der Hauptstadt Gaborone und den anderen Ortschaften entlang der Eisenbahnlinie, die ganz im Osten am Rand der Kalahari von Bulawayo kommend hinunter nach Mafeking in Südafrika führt.«

»Also ein Stück Afrika, wie Livingstone es kennengelernt hat?«

Er nickt. »Viel hat sich nicht verändert. Die Buschmänner leben noch immer ihr Nomadenleben und gehen wir ihre Vorfahren vor hundert, ja tausend Jahren mit ihren vergifteten Pfeilen und nur mit einem Lendenschurz bekleidet auf die Jagd. Es gibt noch kein Netz asphaltierter Straßen, das Botswana durchzieht, keine Hotelindustrie und damit auch keinen Massentourismus. Das macht sich natürlich auch beim Tierbestand bemerkbar. Hier trifft man noch immer auf Wildtierherden, die anderswo in Afrika ihresgleichen suchen.«

»Aber Botswana besteht doch nicht nur aus trockenen Savannen und Kalahari«, sagt Helga, »sondern hat mit dem Okavango-Delta auch seine grüne, fruchtbare Region.«

»Ja, das ist ein wunderbar blau schimmerndes Kleinod, wie ihr bald selbst sehen werdet, das Gott sei Dank von der Halbwüste umschlossen ist«, antwortet Willy. »Das Delta ist eine Senke, die halb so groß wie die Schweiz ist und von dem Fluß Okavango unter Wasser gesetzt wird. Er entspringt im Hochland von Angola und wächst zu einem gewaltigen Wasserlauf an, den man aber nicht als Strom bezeichnen kann.«

»Und warum nicht?«

»Weil er nie den Weg zum Meer findet«, erklärt Willy, während wir an Bord der Piper Cherokee mit 210 km/h immer tiefer in die Wildnis vordringen – vorerst bequem in 3000 Fuß Höhe. »Seine Wassermassen füllen vielmehr das Okavango-Becken mit Seen und Lagunen, die durch Tausende von Kanälen miteinander verbunden sind. In diesem Labyrinth verliert sich der eigentliche Flußlauf. Ein Teil des Wassers versickert unter der Sanddecke, der Rest verdunstet an der Oberfläche. Der Wasserspiegel bleibt jedoch nicht konstant, sondern ändert sein Niveau in Abhängigkeit von der Regenzeit. Sobald die Regenzeit vorbei ist, beginnen viele Lagunen allmählich auszutrocknen und bilden eine wertvolle Nahrungsmittelquelle für unzählige Vögel, die sich von Fischen und anderen Wassertieren ernähren. Später, wenn das Wasser gänzlich verdunstet ist, finden sich dort Impalas und Zebras und andere Tiere ein, die vom frisch sprießenden Gras angelockt werden. Und mit ihnen folgen dann auch die Raubkatzen. Sobald die Regenzeit einsetzt, füllen sich die Lagunen nicht nur wieder mit Wasser, sondern auch mit Nilpferden, Fischen, Krokodilen und Wasservögeln, und der Jahrtausende alte Zyklus beginnt von neuem.«

Wir sehen unter uns das verbrannte, ausgetrocknete Buschland und fragen, welche Auswirkungen die Trockenheit der letzten Jahre auf dieses Gebiet gehabt hat.

»Den Chobe-Park hat es schon sehr getroffen. Aber der Savuti River war bis auf die zehn Jahre zwischen 1973 und 1982 schon seit über hundert Jahren ausgetrocknet. Was nun das Okavango betrifft, so haben wir unter der Dürre nicht zu leiden gehabt. Denn glücklicherweise hängt das Ökosystem nicht allein von den Regenfällen ab, sondern es ist immer noch der Fluß da, der Wasser aus den Bergen Angolas bringt.«

Zwanzig Minuten später greift Willy zum Sprechfunkgerät, nimmt Kontakt mit seinen Leuten im Savuti Camp auf und beordert zwei Geländewagen zur Buschpiste, die ein gutes Stück vom Camp entfernt liegt.

»Wo soll denn hier eine Landepiste sein?« frage ich verwundert, als wir in den Sinkflug übergehen und Willy die Landeklappen ausfährt.

Willy lacht. »Da, direkt vor uns.«

Erst die beiden Landrover, die hohe Staubwolken hinter sich herziehen, helfen mir, mich zu orientieren und die Richtung auszumachen, wo die Landepiste liegt. Man braucht schon ein sehr geübtes Auge, um diesen etwas helleren sandfarbenen Streifen erkennen zu können.

Der Airstrip ist im Grunde genommen nicht viel mehr als ein schmales, relativ geglättetes Stück Savanne. Routiniert setzt Willy die Maschine auf und bringt sie zehn Meter vor den graubraunen Geländewagen zum Stehen.

»Ich habe einen zweiten Wagen für euch beordert. Ihr habt nichts davon, mit ins Camp zu kommen und dort nur herumzustehen und zuzusehen, bis wir das Lager abbrechen«, sagt Willy. »Ich brauche nicht länger als eine Stunde. Moses fährt euch derweil ein bißchen herum. Am Wasserloch müßte es jetzt schon was zu sehen geben. Wir sind ja über Sprechfunk in Kontakt.«

»In Ordnung.« Helga und ich klettern auf das Dach des Geländewagens, auf dem Sitze und eine Haltestange angeschweißt sind. Moses fährt uns über sandige Pisten durch die Savanne, die im weichen Sonnenlicht der Nachmittagssonne liegt. Wir treffen auf Impalas, Kudus und einige Zebras. Schließlich fahren wir zur Wasserstelle.

Ein Elefant!

Moses schaltet den Motor ab und läßt den Wagen auf der anderen Seite der Wasserstelle ausrollen. Der Dickhäuter schaut kurz zu uns herüber und taucht dann seinen Rüssel wieder ins Wasser ein.

Wenige Minuten später kommt ein zweiter Elefant zwischen den Akazienbäumen halb rechts vor uns hervor. Er scheint direkt auf uns zukommen zu wollen. Moses läßt den Motor anspringen, und wir halten den Atem an. Noch nie waren wir einem Elefanten in freier Wildbahn so nahe. Es ist beeindruckend und auch ein wenig beängstigend, diesem schweren Koloß mit seinen gewaltigen Stoßzähnen so nahe zu sein.

Der Elefant hält weiter auf uns zu, doch nichts an seinem Verhalten weist auf eine drohende Gefahr hin. Weder hat er die riesigen Ohrlappen aufgestellt noch seinen Rüssel erhoben. Mit gelassenem,

*Immer wieder sind wir begeistert von den herrlichen Vögeln: Silberreiher,
Kormorane, Ibisse und Marabus.*

behäbigem Schritt kommt er heran. Dann, keine fünfzehn Meter
von uns entfernt, stellt er wohl fest, daß das Wasser und sein
Artgenosse am Ufer von größerem Interesse für ihn sind als wir,
und stapft zur anderen Seite hinüber.

Fasziniert beobachten wir das Spiel der beiden Elefanten, die ihre
Rüssel mit Wasser füllen, einen Strahl gegen und zwischen ihre
säulendicken Beine und dann und wann in ihre weit aufgerissenen
Mäuler spritzen. Es klingt, als würde man einen vollen Eimer
Wasser ausgießen. Dann waten sie halb ins Wasser und scheinen
miteinander zu spielen.

Es haben sich auch viele Vögel eingefunden, einige davon halten
sich sogar, scheinbar völlig sorglos, in unmittelbarer Nachbarschaft
der beiden Elefanten auf. Es sind Ibisse, Kormorane, Marabus und

Silberreiher, wenn wir Moses' Erklärungen aus dem Fahrerhaus richtig verstehen.

Die Zeit vergeht nur allzu schnell. Erst als Willy sich über Sprechfunk meldet und uns zum Airstrip zurückruft, wird uns bewußt, wie tief die Sonne schon gesunken ist.

»Schaffen wir es noch vor Dunkelheit bis zu deinem Xaxanica-Camp am Okavango?« frage ich, als wir wieder in die Cherokee steigen.

»Keine Sorge, wir werden da landen, bevor die Nacht den großen Vorhang herunterläßt«, beruhigt er uns.

»Fliegt keiner von den Schwarzen mit?«

»Die kommen mit den Wagen nach. Sie werden morgen im Moremi Camp eintreffen. Im Augenblick haben wir etwas Luft. Außer euch sind nur noch sieben andere Gäste da«, sagt er und erklärt uns seine Camppolitik. »Im Schnitt nehme ich für eine Safari zwölf Personen an. Das Maximum sind sechzehn. Das ist vielleicht nicht so gewinnbringend wie das, was die anderen Unternehmen tun, die ihre Camps nur so vollstopfen, aber ich kann nur mit kleinen Gruppen arbeiten. Das habe ich so gehalten, als ich 1973 als einer der ersten hier anfing, und das bleibt auch in Zukunft so. Deshalb stehen meine Landrover, Boote, Kanus und meine beiden Flugzeuge auch ausschließlich meinen Gästen zur Verfügung. Man muß die Chance haben, sich gegenseitig richtig kennenzulernen, wenn man die Menschen, die nach Afrika kommen, mit der eigenen Begeisterung anstecken möchte, und das funktioniert nur, wenn man die Gruppen klein hält. Der Erfolg hat mir recht gegeben. Siebzig Prozent der Gäste, die bei mir buchen, sind ›Wiederholungstäter‹. Das heißt, sie wollen wieder mit mir auf Safari gehen, und da ich eine ganze Reihe von Touren in die verschiedensten Ecken der Welt anbiete, wird es weder für mich noch für sie langweilig.«

Wir steigen in einen feurigen Himmel auf und nehmen südwestlichen Kurs. Bis zum Camp an einer der zahllosen Lagunen des Okavango im *Moremi Wildlife Reserve* sind es knappe hundert Kilometer. Die Cherokee fliegt mehr als doppelt so schnell.

Eine halbe Stunde später taucht im schwindenden Licht des Tages ein wahres Labyrinth aus kleinen und großen Lagunen sowie schmalen und breiten, sich windenden Wasserläufen unter uns auf. Wir sehen in diesem Labyrinth Inseln jeder Größe, und was uns ganz besonders auffällt, ist die erheblich dichtere Bewaldung der umliegenden Savanne.

»Da unten liegt das Camp!« macht Willy uns auf unser Zuhause für die nächsten zehn Tage aufmerksam und stellt die Cherokee auf die linke Tragfläche. In einer scharfen Kurve gehen wir nach unten. Das Camp mit seinen Zelten liegt an der Spitze einer Halbinsel, unmittelbar am Ufer einer großen Lagune namens Xaxanica.

Wir fliegen über das Camp hinweg und landen kurz darauf auf dem Airstrip, der einige Kilometer vom Lager entfernt ist. Wir werden von Obi, einem von Willys schwarzen Fahrern, mit einem Landrover erwartet. Als wir aussteigen, ist die Sonne schon untergegangen. Die Bäume im Westen zeichnen sich nur noch als schwarze Silhouetten vor dem letzten Lichtstreifen über dem Horizont ab.

Ein flackerndes Lagerfeuer und der wunderbare Geruch eines herzhaften, schmackhaften Abendessens begrüßen uns, als wir im wildromantischen Camp eintreffen. Wir gesellen uns zu einer nach Beruf und Alter bunten Mischung von Safari-Freunden: Da sitzt der kurz vor der Pensionierung stehende Oberstudienrat und Hobby-Ornithologe neben einem jungen Pärchen in den Zwanzigern, das in einer Werbeagentur arbeitet, und der Kfz-Mechaniker, ein stämmiger Mann Mitte Dreißig mit lustiger Igelfrisur, und seine aparte Frau unterhalten sich genauso ungezwungen und freundschaftlich mit den beiden unverheirateten Schwestern Ende Vierzig, die in einer süddeutschen Kleinstadt ein Schreibwarengeschäft betreiben, wie mit dem Oberstudienrat und dem Grafiker-Pärchen. Trotz aller Unterschiede harmonieren sie sichtlich gut miteinander. Es sind zweifellos die gemeinsamen Erlebnisse, die zu einem starken Gefühl der Verbundenheit geführt haben, und wir finden uns schnell in diese entspannte, fröhliche Runde von Menschen, die eines gemeinsam haben: die Liebe zur afrikanischen Wildnis und zu einem Campleben, das soweit wie möglich das direkte Erleben der Natur erlaubt.

Auf Fußpirsch durch die Wildnis

Am nächsten Morgen brechen wir um sechs den Schlaf ab. Es bleibt gerade genug Zeit für eine Katzenwäsche und eine Tasse Kaffee, dann drängt Willy schon zum Aufbruch. Er will mit uns auf Fußpirsch. Die Morgen- und die Abendstunden sind nun mal die beste Zeit für Tierbeobachtungen.

Zuerst aber fahren wir mit dem Landrover eine gute halbe Stunde über holprige Pisten, um zum Ausgangspunkt unserer Pirsch zu gelangen. Die Sonne steht gerade eine Handbreit über dem Horizont, und wir sind noch gar nicht richtig wach. Der schwarze Fahrer aber schaukelt uns kräftig durch, als wolle er das Seinige tun, um uns den Schlaf aus den Gliedern zu schütteln. Es ist noch sehr kühl.

Willy weist uns auf einen Pavian hin, der am Stamm eines Baumes hockt und keine Anstalten macht, das Weite zu suchen, obwohl wir keine zehn Meter an ihm vorbeifahren. Er schaut gleichfalls noch recht verschlafen in unsere Richtung und kratzt sich dabei träge den Bauch. Kurz darauf scheuchen wir eine kleine Herde Impalas auf.

Nach einer guten halben Stunde läßt Willy anhalten, und wir steigen aus. Der Landrover dreht, verschwindet schnell zwischen Sträuchern und Bäumen und läßt uns in der baumreichen Savanne am Rande einer Lagune zurück. Es dauert erst eine Weile, bevor uns bewußt wird, daß wir im wahrsten Sinne des Wortes von Wildnis umgeben sind, in der Tausende von wilden Tieren leben – und daß nicht einmal Willy eine Waffe bei sich trägt, mit der wir uns im Notfall verteidigen könnten.

Die Stimmen der Vögel in den Bäumen und auf den Lagunen klingen laut und klar in den neuen Tag. Wir stapfen durch hohes Gras. Bei einer kleinen, sumpfigen Vertiefung, die unseren Weg kreuzt, bleibt Willy stehen.

»Hier kann man sehen, wie Wasser von den Frischwasserlagunen, die jenseits der zwei, drei Meter hohen Hügel da drüben liegen, durch solch kleine Kanäle in entferntere Senken fließt, die dann zu Lagunen werden. Und daß dieses gesamte System überhaupt funktioniert, dazu bedarf es der Nilpferde. Denn die haben die Tendenz,

Mit Willy Zingg auf Fußpirsch. Er kennt jede Fährte und die kleinsten Gewohnheiten der Tiere.

immer im tiefsten Punkt einer Senke zu laufen, solange dort Wasser fließt. Durch ihr Gewicht, zwei bis drei und mehr Tonnen, trampeln sie einen Pfad aus, einen sogenannten Nilpferdpfad. Und der ist dazu notwendig, um im nächsten Jahr, wenn die Flut wieder kommt, das gesamte System zu bewässern. Wenn die Nilpferde ausgeschossen werden, versanden diese Pfade, und riesige Lagunen, die normalerweise mit Wasser gefüllt sind, bleiben trocken.«

Wir setzen unseren Marsch zu einer 700 m entfernten Lagune fort, die gut einen Kilometer lang und 200 m breit ist und von solch einem Nilpferdpfad wie von einem kleinen Bergbach gespeist wird. Ein Goldbugpapagei, ein smaragdgrün schillernder Vogel mit goldenen Federn auf der Brust, der etwa viermal so groß wie ein Wellensittich ist, fliegt von einem Busch vor uns auf. Mittlerweile ist es sieben Uhr, und die Sonne hat schon beachtlich an Kraft gewonnen, so daß wir unsere Jacken ausziehen können.

Vorsichtig schleichen wir uns an die Lagune heran, die von mehreren Dutzend Nilpferden bevölkert ist und daher von Willy und seinen Mitarbeitern Hippo Pond genannt wird.

»Noch haben sie uns weder gesehen noch gerochen«, flüstert Willy uns zu, während wir in gebückter Haltung durch das hohe Gras schleichen. »Wir nähern uns gegen den Wind, was bei solchen Pirschen stets die eiserne Regel ist. Paßt mal auf, was es gleich für eine Aufregung gibt, wenn die Hippos uns bemerken.«

Es sind nicht die Hippos, die uns zuerst bemerken, sondern vier Nilgänse, die plötzlich rechts vor uns hochschrecken und unter lautem, warnendem Geschnatter im Tiefflug über die Lagune hinwegfliegen. Wir hören ein lautes, mehrstimmiges und scheinbar ärgerliches Grunzen, und bevor ich auch nur eine Chance habe, die Nilpferde auf Film zu bannen, stürzen sie sich mit einer unglaublichen Behendigkeit in die Fluten der Lagune und tauchen unter.

Willy lacht über unsere enttäuschten Gesichter. »Bei einer Pirsch weiß man eben nie, was einen erwartet. Tiere warnen einander, und es war unser Pech, daß die Nilgänse vor uns im Gras saßen.«

Kurz darauf stoßen wir auf Elefantenkot, dicke Kugeln, die fast so groß wie Fußbälle sind. Willy ergreift sofort die Gelegenheit, uns einen weiteren interessanten Einblick in das unglaublich fein ausgeklügelte Ökosystem zu geben.

»Wir wollen ja nicht über Scheiße reden, aber ab und zu kommt man doch nicht daran vorbei«, beginnt er auf seine launige Art, die all seine Erläuterungen – auf der Pirsch wie auch abends im Camp am Lagerfeuer – zu einem höchst vergnüglichen Erlebnis macht. Unterhaltsamer und anschaulicher kann man Wissen und komplexe Zusammenhänge kaum an den Laien bringen. »In der Nahrungskette vieler Tiere spielen die Elefanten-Droppings eine wesentliche Rolle. Der Elefant verdaut sehr schlecht, nämlich nur zwanzig Prozent der aufgenommenen Nahrung. Achtzig Prozent kommen bei ihm in großen, kompakten Kugeln hinten wieder heraus. Die werden von den Affen zerlegt und nach Kernen und anderen Dingen durchsucht, die ihnen besonders gut schmecken, wie etwa die süßen

Palmfrüchte, die auf den Inseln zu finden sind, auf die die Affen, im Gegensatz zu den Elefanten, nicht gelangen können. Die Elefanten können diese Palmfrüchte nicht verdauen, doch der Affe kann sie aufbeißen und sucht deshalb in den Droppings nach diesen Leckereien, an die er sonst nicht herankommt. Dann kommen andere Tiere, die Vegetarier sind, und nehmen alles auseinander, was sonst noch in den Droppings zu finden ist. Am Schluß bleibt nur Stroh übrig, und auch das findet meist noch seine Abnehmer. Die Termiten fressen es.«

Im warmen Morgenlicht wandern wir um die Lagune herum und überqueren manche sumpfige Stelle, indem wir Äste oder kleine Baumstämme darüberlegen, an denen kein Mangel herrscht. Willy ist ein geradezu unerschöpflicher Quell an Wissen, und wir erhalten ein immer besseres Verständnis für die Natur, in der alle Teile wie bei einem komplizierten Uhrwerk mit unzähligen kleinen wie großen Zahnrädern genau aufeinander abgestimmt sind.

Paviane bevölkern einen dicken Mopanebaum, und wir lernen, daß sie, wenn Gefahr im Verzug ist, nicht höher klettern, wie ich angenommen hätte, sondern herunter und die Flucht am Boden suchen. »Es erscheint einem nur unverständlich, wenn man nicht weiß, daß der größte Widersacher der Paviane der Leopard ist, ein ebenso guter Kletterer wie der Pavian, und der würde sie leichter von den Bäumen herunterholen, als er sie am Boden zu fassen bekommt.«

Wir kommen in ein Gebiet, in dem sich besonders viele Termitenhügel befinden. Manche dieser graubraunen Kegel ragen über zwei Meter aus dem Gras auf. Vor einem dieser Bauten bleiben wir stehen.

»Termiten pflegen nicht am Tage auf Nahrungssuche zu gehen, sondern bei Dunkelheit. Sie bauen zwischen ihren Kegelburgen unterirdische Gänge, und wenn sie ein trockenes Stück Holz gefunden haben, fressen sie es von innen heraus auf, lassen aber eine dünne Außenhaut von einem Millimeter oder weniger zurück, so daß man von außen nicht sehen kann, was sich drinnen abspielt. Damit schützen sie sich vor Insekten und Vögeln, denn ein Hornbill beispielsweise könnte natürlich so eine dünne Holzhaut mit Leichtigkeit aufpicken und sich dann über sie hermachen. Weil sie kein Sonnenlicht abbekommen, haben sie auch keine schützenden Farbpigmente und sind von weißlicher Farbe.

Damit sie in ihren unterirdischen Gängen nicht an Luftknappheit leiden, bauen sie Luftkanäle in Form kleiner Türme, damit Vögel mit ihrem Schnabel nicht bis in die Gänge picken können. Der Turm ist bis auf zwei, drei winzige Luftlöcher geschlossen. Die Termiten sind unglaublich kunstvolle Baumeister und beherrschen die Technik geradezu perfekter Klimaregulierung in ihrem Bau. Die Temperaturen schwanken im Innern ihres Baues nur um ein Zehntel Grad – im Sommer wie im Winter. Sie erreichen das durch das Öffnen und Schließen der Luftkanäle, deren Öffnungen einen Durchmesser von einem halben Millimeter und weniger haben. Ist ein Bau durch Gewalt von außen aufgebrochen und von den Termiten aufgegeben worden, nisten sich gerne Skorpione, Schlangen und Mungos darin ein. Die ganz großen Termitenhügel, die unten ja hohl sind, werden auch gern von Wildschweinen als Wohnstätte benutzt.«

Das Aufregende an einer Fußpirsch ist, daß man nie weiß, auf was man hinter dem nächsten Dickicht oder der nächsten Baumgruppe stößt. Eine große Herde Impalas jagt in wilden Sätzen durch das Unterholz davon – zwei jedoch lassen sich von uns nicht beeindrukken und grasen friedlich weiter.

Ich beuge mich zu Willy hinüber und frage im Flüsterton: »Warum rennen die beiden nicht auch davon?«

»Sie haben uns einfach noch nicht bemerkt. Es ist hier eben noch sehr selten, daß Tiere Menschen zu Fuß begegnen. Wenn sie uns zu Gesicht bekommen, dann in einem Landrover in Form eines Brustbildes, das zum Fenster hinaushängt, mit einem kurzen dicken Rohr um den Hals, das auf sie gerichtet wird, ohne daß jedoch etwas passiert. Aber mit Menschen auf eigenen Füßen haben die Tiere so gut wie keine Erfahrung. Es ist zwar einfacher, mit dem Landrover an Tiere heranzukommen, aber bei weitem nicht so spannend, wie auf einem Elefantenpfad zu wandern, wie wir es jetzt tun. So ein Erlebnis gehört zu den Einzigartigkeiten Botswanas, denn fast nirgendwo sonst in Afrika kann man noch zu Fuß durch die Wildnis ziehen, weil es der Massentourismus einfach unmöglich gemacht hat. Denn jede derartige Führung braucht einen erfahrenen Führer, der in einer Notsituation genau weiß, wie er zu reagieren und Gefahr abzuwenden hat. Wir könnten ohne weiteres mal an einen Löwen heranlaufen oder an Elefanten, und dann muß man wissen, was zu tun ist.«

»Und was wirst du tun?« Diese Frage hatte ich schon stellen wollen, als der Landrover vor einer guten Stunde zwischen den Bäumen verschwand und mir erst nach einigen Minuten so richtig klar wurde, daß dies kein Zoobesuch war, wo schwere Gitter beruhigende Sicherheit vor wilden Tieren bieten, sondern ein Fußmarsch durch wirkliche Wildnis mit all ihren Unwägbarkeiten und Gefahren. Auf den Spuren von Livingstone und Stanley? Bei allem Respekt, aber diese Burschen hatten nicht nur ein Heer von eingeborenen Trägern dabei, sondern auch noch Gewehre. Stanley hatte sogar die Feuerkraft einer kleinen Armee, und dementsprechend blutig sind seine Entdeckungsreisen ja auch ausgefallen. Und wir? Nicht mal eine Leuchtpistole ist zur Hand, um im Notfall ein angreifendes Tier wenigstens durch eine Leuchtkugel zu erschrecken und es damit auf andere, weniger blutrünstige Gedanken zu bringen. Auf Willys Antwort bin ich also sehr gespannt.

Dieser verzieht das Gesicht zu einem Schmunzeln, als hätte er meine Frage schon längst erwartet. »Tja, das kommt immer auf die Situation an«, sagt er langsam. »Man kann nicht generell sagen: ›Wenn ich auf einen Elefanten treffe, dann tue ich dies oder das!‹ Wenn er angreift, muß man natürlich etwas anderes tun, als wenn er davonläuft. Und in den zwanzig Jahren, die ich hier im Busch bin, habe ich solche Situationen tausendmal mitgemacht und gelernt, welches Verhalten wann angebracht ist.«

Er geht einen Schritt weiter und deutet auf den Boden. »Hier kann man übrigens ganz deutlich sehen, daß wir uns auf einem Elefantenpfad bewegen.«

Will er uns ablenken, oder sieht er die Sache wirklich so gelassen, daß er keine weiteren Erläuterungen mehr für nötig hält?

»In der Regenzeit wird der harte Sandboden zu Schlamm, und dann hinterlassen Elefanten ihr Trittsiegel«, er beugt sich hinunter, »mit einem Durchmesser von gut vierzig Zentimetern und im Abstand von etwa einem Meter zwanzig. Diese Spuren bleiben selbst nach fünf, sechs Monaten noch erhalten.«

Immer wieder begegnen wir Antilopen, in kleinen Gruppen wie auch in Herden von fünfzig, sechzig Tieren, und Zebras. Jeder Schritt, den wir uns näher an sie heranpirschen können, steigert die Erregung. Wir bekommen sogar zwei Hyänen zu Gesicht. Doch sie haben uns eher bemerkt als wir sie. Wir erhaschen nur einen kurzen Blick auf ihr geflecktes Fell und den großen Kopf mit den runden Ohren, und im nächsten Augenblick scheint der Busch sie schon wieder verschluckt zu haben. Daß diese Tiere eine Lebenserwartung von gut fünfundzwanzig Jahren haben und damit im Schnitt noch ein paar Jahre länger leben als Löwen und Geparden, wie wir erfahren, überrascht uns.

»Sie sind eben nicht nur Aasfresser, sondern auch gute Jäger, die im Rudel leben, und haben nicht viele Feinde. Sogar Löwen und Geparden gehen ihnen aus dem Weg, wenn sie im halben Dutzend oder mehr auf Jagd sind, und dann kann man in der Wildnis schon eine Zeitlang überleben.«

Zwanzig Minuten später stoßen wir auf einer sandigen Stelle zwischen zwei Schirmakazien auf die Spur eines Löwen. Besser gesagt: Willy bemerkt sie.

»Man kann auf Schritt und Tritt sehen, daß es sich hier um ein von Tieren dichtbevölkertes Gebiet handelt, denn es gibt kaum einen Quadratzentimeter, der nicht durch eine Fußspur gekennzeichnet ist, sei es nun durch Antilopen, Katzen, Hyänen, Affen, Elefanten oder wie hier im vorliegenden Fall von Löwen. Diese Spur stammt von der letzten Nacht«, erklärt Willy.

»Und wie alt genau?«

Er geht in die Hocke, um das Löwensiegel im Sand genauer zu prüfen. »Die Spur ist vom frühen Morgen, nicht mehr als zwei, drei Stunden alt«, stellt er fest. »Das kann man an den scharfen Kanten ablesen, die noch ohne die geringsten Verwischungen sind. Es war zwar kein Riesenlöwe, aber doch ein gut ausgewachsenes Tier von etwa zwei, drei Jahren.«

Ich müßte lügen, wollte ich behaupten, angesichts dieser Löwenspur völlig gelassen zu sein. Nur zu gut erinnere ich mich unserer

Löwenbegegnung im Krüger-Park, doch da saßen wir relativ geschützt in einem Auto.

»Wie groß ist das Revier eines Löwen?« fragt Helga. »Und wie weit ziehen sie, wenn sie auf Jagd gehen?«

»Das hängt von der Wilddichte ab. Normalerweise folgen Löwen den Wanderungen der Herden. In diesem Gebiet gibt es keine großen Wanderungen, da alles da ist, was die Tiere brauchen. Deshalb bleiben die Löwen in diesem Gebiet ziemlich territorial, und bei diesem gutbestückten Wildbestand umfaßt der Bewegungsraum, den sich eine Löwengruppe zur Jagd auswählt, etwa fünf mal vier Kilometer.«

Kurz darauf stoßen wir auf eine weitere Löwenspur. Diese ist jedoch schon zwei Tage alt. »Daran sieht man, daß man auf so einer Fußpirsch ohne weiteres Löwen begegnen *kann*.«

»Na, ich weiß nicht, ob ich das so erstrebenswert finde«, meint Helga, und ich kann ihr da nur beipflichten.

Willy schmunzelt. »Ich weiß, der Durchschnittseuropäer fürchtet, wenn er in der Wildnis einem Löwen begegnet, daß ihm die letzte Stunde geschlagen hat. Aber dem ist überhaupt nicht so. Löwen suchen die Nähe des Menschen nicht, erst recht suchen sie sich unter Menschen keine Opfer. Sie schlagen die Tiere, die sie von ihrer Mutter zu jagen gelernt haben. Es bedarf einer ganz besonderen Technik für diese Jäger, ein Tier zu überlisten, und es hat sich in der Natur eine entsprechende Balance eingespielt. Wenn beispielsweise die Impalas leicht zu erwischen wären, gäbe es schon längst keine mehr, weil sie dann von den Löwen, Geparden und Hyänen aufgefressen worden wären. Ein Impala hat vielmehr eine absolute Chance, einer Raubkatze zu entkommen. Das gilt auch für Büffel, Zebras, Wildebeester und alle anderen Tiere. Nehmen wir doch nur einmal eine Giraffe, die sehr wehrhafte Vorderhufe besitzt. Wenn ein Löwe es nicht sehr geschickt anstellt und einen Tritt von der Giraffe kriegt, liegt er mit gebrochenem Kreuz da. Was nun Menschen angeht, so hat der Löwe von seiner Mutter einfach nicht gelernt, wie man sie verfolgt und wie man sie schlägt. Es gibt unter den Löwen Spezialisten, die ihre Jagdtechnik etwa auf Büffel ausgerichtet haben, da es in dieser Gegend besonders viele von ihnen gibt.

Wenn dann die Büffel abwandern und nur noch Zebras und Wildebeester da sind, tun sie sich äußerst schwer, eine solche Tierart zu
überlisten, weil sie dafür eine völlig andere Technik brauchen als
die, die sie von ihrer Mutter in den ersten vierundzwanzig Monaten
ihres Lebens gelernt haben. Denn nach dieser Zeit wird die Mutter
wieder trächtig und jagt ihr Junges davon. Und die Jungen führen
dann ausschließlich das aus, was sie in den beiden Jahren bei der
Mutter gelernt haben.«

Wir erreichen eine andere Lagune, deren Ufer von Mopanebäu-
men, Akazien und anderen Bäumen bestanden ist. Willy weist auf
einen jungen, umgestürzten Baum. »Das Werk der Elefanten. Der
Wildbestand im Okavango-Delta ist ausgezeichnet, und der Mo-
remi-Park ist mit seinen 6 000 Quadratkilometern ein Refugium für
alle Tierarten, die im südlichen Afrika heimisch sind. Aber im
Gegensatz zu den offenen Savannen, der Serengeti etwa, ist Moremi
ein Waldpark. Die Insel und das Festland sind verhältnismäßig stark
bewaldet, und die Savanne, die wir haben, ist eine Waldsavanne.
Elefanten lieben das. Man kann deshalb in dieser Uferzone kaum
einen Baum sehen, der nicht von ihnen zerstört, angerissen oder
anderweitig von ihnen markiert worden wäre«, erklärt er. »Für
einen Elefanten ist es eine Kleinigkeit, einen Riesenast mit einem
Durchmesser von vierzig Zentimetern herunterzureißen, um an die
zarten Blätter der Krone zu kommen und die Rinde abzuschälen. Ist
aber die Zerstörung am Stamm eines Baumes zu groß, stirbt er ab.
Und dieses Schicksal erleiden Tausende von Bäumen, wo es viele
Elefanten gibt.«

Wir umgehen einen mehrere hundert Meter breiten, mannshohen Schilfgürtel. Zwei Stunden befinden wir uns schon zu Fuß auf
der Pirsch. Vergessen ist die Kühle des Morgens. Die Sonne brennt
jetzt heiß vom Himmel, doch das schmälert unsere Begeisterung für
unseren Streifzug durch die Wildnis nicht im geringsten, im Gegenteil, die warme Luft ist ein unverzichtbarer Teil dieses einzigartigen
Erlebnisses.

Willy führt uns an einem dickstämmigen Baum mit mächtiger
Krone vorbei. Der Boden unter dem Baum und rundum ist mit
samtroten Blüten bedeckt. Von den Ästen hängen unzählige, kin-

derarmgroße Früchte herab, dick und lang wie Leberwürste. Leberwurstbaum ist auch sein Name. Es ist ein Nachtblütler, dessen wunderschöne orchideenartige Blüte nachts aufgeht und von Nachtschwärmern befruchtet wird. Am Morgen, eine Stunde nach Sonnenaufgang, fallen die Blüten beim ersten Wind vom Baum und bedecken den Boden.

»Diese Leberwürste können bis zu zehn Kilo schwer sein, und wenn sie dann wie Torpedos von da oben herunterkommen, sollte man sich tunlichst nicht unter dem Baum aufhalten«, bemerkt Willy noch spöttisch, bevor wir weiterziehen. »Paviane und Elefanten lieben diese saftigen Früchte.«

Wir pirschen uns an Zebras und Gnus an, und immer wieder sehen wir Antilopen, die in diesem Gebiet ganz besonders zahlreich sind. Die Nähe zu den Tieren ist aufregender und stimulierender als der beste Champagner. Und zum Teufel damit, daß wir durstig und verschwitzt sind!

Nach einem Blick auf die Uhr beschleunigt Willy seinen Schritt. Bis zu der Stelle, an die er Obi mit dem Landrover beordert hat, um uns wieder aufzulesen, sind es noch gute anderthalb Kilometer. Wir sind mittlerweile zweieinhalb Stunden unterwegs, und der Gedanke, daß ein herzhaftes Frühstück im Camp auf uns wartet, beflügelt uns.

Doch immer wieder halten wir inne, weil es etwas Besonderes zu beobachten und zu erklären gibt. Zwei Graue Lärmvögel, kakaduähnliche Vögel von der Größe einer Elster, die wie unser Eichelhäher durch ihren Lärm andere Tiere auf Gefahren aufmerksam machen. Ein Schwarm Geier am Himmel. Ein Marulabaum, der zu Ostern eine Menge Früchte in der Größe von Pflaumen trägt, eine kleine Herde Wildebeester, die mächtig Staub aufwirbeln, als sie mit trommelndem Hufschlag davonjagen. Eine giftige, grünliche Viper, die rasch vor uns Reißaus nimmt. Die Kotstelle eines Nilpferdes, dessen scharfer Geruch noch deutlich zu riechen ist.

»Während die Nilpferde sich tagsüber in den Lagunen abkühlen und den halben Tag verschlafen, gehen sie nachts an Land, um Gras zu fressen. Bevor ein Nilpferd wieder ins Wasser zurückgeht, markiert es sein Revier mit dem Kot«, erzählt Willy. »Es stellt sich hin, und der Schwanz, der sich so schnell wie ein Propeller dreht, versprüht den Kot in der ganzen Gegend. Damit kennzeichnet es sein Territorium, und wenn ein anderes Nilpferd in diese Gegend kommt, weiß es anhand dieser Duftnote: ›Aha, hier ist der Fritz zu Hause. Der hat mir das letztemal Ärger gemacht. Da gehe ich lieber nicht hin, sonst gibt es wieder eine mächtige Prügelei!‹, und macht einen großen Bogen um dieses Gebiet. Der Duft kann jedoch auch einladend sein, wenn er von einer brünstigen Nilpferdkuh stammt. Die Tiere sind sehr gut in der Lage, die verschiedenen Duftnoten zu interpretieren – und wenn sie sich doch einmal irren oder die Warnungen ignorieren, dann gibt es eben Ärger.«

Wieder stoßen wir auf Zebras und Gnus, die in friedlicher Gemeinsamkeit auf einer Art Lichtung grasen. Die beiden Arten ergänzen einander, weil die einen besser sehen und die anderen besser hören. Auch gibt es unter ihnen keinen Futterneid, weil sie nicht auf dieselben Gräser aus sind. Gemeinsam nehmen sie also ihren Feind eher wahr, weshalb man sie auf allen Savannen Afrikas oft Seite an Seite äsen sieht. Als sie uns bemerken, ziehen sie in einem Winkel von 45 Grad gelassen von uns weg. Als sie eine Distanz von dreißig bis fünfunddreißig Metern zwischen sich und uns gebracht haben, bleiben sie wieder stehen und beobachten uns, nicht nervös, aber doch aufmerksam und bereit, im Notfall im schnellen Galopp davonzurennen.

Zu einer Begegnung mit Löwen kommt es auf dieser Frühpirsch nicht, doch keinen halben Kilometer von der Stelle entfernt, wo der Schwarze, Obi, mit dem Landrover auf uns wartet, sehen wir uns plötzlich einem Elefanten gegenüber. Helga und ich schrecken im ersten Moment zusammen. Erst wenn man zu Fuß unterwegs ist, wird man sich bewußt, wie schlecht man doch für ein Überleben in der Wildnis gerüstet ist – und wie klein und verletzlich der Mensch ist, ganz besonders im Vergleich zu einem Elefanten, der uns haushoch überragt.

Die Distanz beträgt noch fünfzig, sechzig Meter. Er steht zwischen mannshohem Gebüsch und reißt gerade einen Ast von einem Mopanebaum. Augenblicke später zieht er gemächlich nach links weg.

»Folgt mir!« flüstert Willy. »Wir pirschen uns heran.«

Wir machen bedenkliche Gesichter.

Willy beruhigt uns. »Eine Elefantenpirsch ist eigentlich ungefährlich. Man weiß zwar nie, was der Elefant denkt, und er kann sich mal umdrehen, aber wenn er sich nicht bedroht fühlt, besteht keine Gefahr. Haltet euch hinter mir. Sollte er ärgerlich reagieren und hinter uns herkommen, hat es sich bewährt, daß man ein Kleidungsstück hinter sich wirft. Je verschwitzter es ist, desto besser. Ein Elefant sieht nämlich schlecht und verläßt sich mehr auf seine Riechorgane. In seiner Wut wird er dann erst einmal über die Kleidungsstücke herfallen, was uns Zeit gibt, uns in Sicherheit zu bringen. Alles klar?«

Wir sind viel zu aufgeregt, um ein Wort herauszubringen, und nicken bloß.

Willy wirft eine Handvoll Sand in die Luft, um festzustellen, aus welcher Richtung der Wind kommt. Dann pirschen wir uns vorsichtig und gegen den Wind an, Willy vorweg, seine gefütterte Weste, die er zum Schutz vor der Morgenkühle getragen hat, sozusagen »abwurfbereit« in der Hand. Uns schlägt das Herz bis in den Hals. Jeder Schritt ist ein Wagnis. Wie laut das Gras raschelt und das trockene Unterholz knackt!

Wir kommen auf etwas mehr als zwanzig Meter heran. Willy bückt sich nach einem dicken Knüppel, den er mit der linken Hand aufnimmt.

Der Elefant, der sich noch parallel zu uns bewegt, scheint immer größer zu werden. Deutlich sehen wir die Flecken auf seinen mächtigen Stoßzähnen und die rissige, eingestaubte Haut. Sein Schwanz wedelt hin und her und . . .

Plötzlich hält er an und dreht sich zu uns um. Und dann geht alles blitzschnell. Mit aufgestellten Ohren und trompetend kommt er auf uns zu.

»Lauft!« ruft Willy und schmeißt dem heranstampfenden Koloß seine Weste entgegen. »Zum Wagen!«

Obi hat unser Pirschmanöver vom Wagen aus verfolgt und den Landrover näher herangefahren. Es sind keine hundertfünfzig Meter, und ich habe das Gefühl, noch nie in meinem Leben so schnell gewesen zu sein wie an diesem Morgen. Ich meine zu fliegen. Carl Lewis ist im Vergleich zu dem Sprinttalent, das Helga und ich in dieser Situation an den Tag legen, eine lahme Ente. Das Adrenalin schießt wie eine Springflut durch unseren Körper und würde uns vermutlich auch dazu befähigen, in einer Rekordzeit, die jeden Pavian blaß vor Neid werden lassen müßte, auf den nächsten Mopanebaum zu klettern.

Angst und Nervenkitzel vermischen sich zu einem merkwürdigen Gefühl, das fast einem Rausch ohne Bewußtseinstrübung gleichkommt. Als wir die relative Sicherheit des Landrovers erreichen, hämmert Willy mit dem Knüppel auf die Motorhaube, und der Elefant verliert fast augenblicklich sein Interesse an uns. Er wirft den Kopf noch einmal ungehalten hoch und trottet dann von uns weg in den Busch.

Wir lachen, mit reichlich zittrigen Stimmen und puddingweichen Knien, und Willy holt seine Weste wieder. Ein breites Grinsen steht auf seinem Gesicht, als er zu uns in den Landrover steigt. »Der Elefant hat uns angenommen, und wer sich in solch einer Situation falsch verhält, könnte nach dem Zwischenfall um einiges flacher sein als vorher«, meint er gutgelaunt. »Ein Elefant, der richtig in Angriffsstimmung ist, ist schneller als der beste Läufer. Er kann fast aus dem Stand heraus auf eine Geschwindigkeit von 50 km/h kommen. Es wäre also völlig sinnlos, durch reines Weglaufen der Gefahr eines Elefantenangriffs entrinnen zu wollen. Man muß schon andere Mittel und Wege finden, um seinen Vormarsch zu stoppen, und das kann man, wie ihr gesehen habt, sehr gut durch Geräusche erreichen, die ihm unsympathisch sind, die er nicht kennt und von denen er glaubt, daß ihm aus ihnen eine Gefahr entstehen könnte. Dann verliert er sein Interesse am Menschen, denn er ist ja Vegetarier.«

»Haken schlagen würde also nicht viel bringen?«

»Keineswegs. Er nimmt die Spur ja durch den Wind auf, wenn er einem folgt, und würde den Haken einfach abkürzen. Ich habe da so meine Erfahrungen gemacht, als ich einmal von einem Elefanten angefallen und schwer verletzt wurde. Ich habe es nur überlebt, weil ich gerade noch mit letzter Kraft in ein großes Dornendickicht kriechen konnte.«

Wir sehen ihn betroffen an. »Aber du hast doch gerade erst gesagt, Elefanten fallen Menschen nicht an.«

»Das stimmt auch«, bestätigt Willy. »Aber ich hatte das Pech, einem Elefanten über den Weg zu laufen, den ein Wilderer angeschossen hatte, und ich habe für den unsauberen Schuß dieses Wilderers bezahlt.«

Wir atmen kräftig durch.

Willy schlägt mir freundschaftlich auf die Schulter. »Na, was haltet ihr jetzt von einem ordentlichen Frühstück? Ich denke, wir haben es uns redlich verdient!«

Von Löwen, Elefanten, Sklaven und anderen ganz alltäglichen Dingen

In den nächsten Tagen gehen wir in den frühen Morgenstunden und am späten Nachmittag noch oft auf Pirsch, zu Fuß, mit dem Landrover und mit dem Flugzeug, so wie es Willys Safariprogramm für jeden seiner Gäste vorsieht. Wir fügen uns mit großer Begeisterung in dieses Programm ein, zumal es jedem ausreichend Freiheiten läßt, den Tag nach individuellen Wünschen zu gestalten. Jeder hat die Freiheit zu entscheiden, ob er mit auf Frühpirsch gehen oder lieber ausschlafen möchte, und während die reizende Uschi Kirchner, eine Münchnerin mit großer Afrikaerfahrung und schon seit vielen Jahren Managerin der Camps, mit einem Teil der Gäste beispielsweise zum Hippo Pond hinausfährt, steigen andere in die Kanus oder in die Motorboote, um die Lagunen mit ihrem unglaublichen Vogelreichtum zu erkunden und eine Fahrt durch das Papyrusmeer zu unternehmen. Wir bedauern sehr, keine Zeit zu haben, um an einer dieser einwöchigen Kanu-Touren durch das Okavango-Delta teilzunehmen, von dem uns das junge Grafikerpärchen so sehr vorschwärmt.

Aber auch so können wir uns über einen Mangel an unvergeßlichen Erlebnissen nicht beklagen. Mit dem Flugzeug auf »Pirsch« zu gehen, dabei schon von weitem große Herden Elefanten, Büffel und Zebras ausmachen zu können und wie ein Adler im Tiefflug über die Savanne dahinzuschießen ist aufregend. Im Landrover auf Tierbeobachtung zu gehen und die Waldsavanne zu erkunden macht immer wieder Spaß. Sich in ein Kanu zu setzen und sich lautlos auf Flußsafari zu begeben, um Fischotter, Krokodile und Vögel nicht aufzuschrecken, ist wie Balsam für die Seele. All diese Erlebnisse und Eindrücke sind einzigartig und bringen uns dazu, zurück im Camp aufgeregt wie kleine Kinder von dem zu berichten, was wir gesehen haben, womit wir uns übrigens in allerbester Gesellschaft befinden, denn den anderen ergeht es nicht anders. Doch über all dem steht für mich das unvergleichlich intensive Erleben der Natur während der Fußpirschen.

Und dann bekommen wir auch wirklich Löwen zu Gesicht. Am dritten Tag kurz nach acht. Es ist keine dramatische Bewegung, die uns auf sie aufmerksam macht. Willy muß unseren Augen schon auf die Sprünge helfen. »Löwen!... Dort drüben, wo der umgestürzte Baumstamm liegt!... Sie sind zu zweit!«

Unsere Augen gehen zu dem fast weißen, von der Sonne gebleichten Stamm hinüber, und nun sehen wir sie auch – zwei Löwen, vermutlich Männchen und Weibchen. Die Entfernung beträgt jedoch mindestens siebzig, wenn nicht gar hundert Meter. Und wenige Sekunden später sind sie schon wieder im Unterholz verschwunden. Eine Begegnung, so schnell wie zwei sich passierende Schnellzüge. Und doch hinterläßt dieses Erlebnis einen ungeheuer tiefen Eindruck in uns. Es ist eine Sache des Mentalen, das Wissen, sich *gemeinsam* mit diesen Raubtieren in der Wildnis aufzuhalten und nicht schnell in einen Landrover springen oder zu einem Schnellfeuergewehr greifen zu können.

Das gefährlichste Erlebnis haben wir jedoch nicht mit Löwen, sondern mit Elefanten. Am fünften Tag sind wir mit dem Grafikerpärchen und dem Kfz-Meister (seine Frau hat es vorgezogen, im Camp zu bleiben und auszuschlafen) wieder auf Frühpirsch, was wirklich zur Sucht werden kann. Wir kommen aus einem Waldstück und folgen einer *donga*, einem Flußbett, dessen Ufer von einem breiten Gürtel Reetgras, das teilweise bis über unsere Köpfe reicht, bewachsen ist.

Von der anderen Seite des Flußlaufes hören wir plötzlich die Geräusche von Elefanten, ein lautes, fremdartiges Rumpeln, das aus ihren Mägen kommt und mit dem sie sich gegenseitig verständigen.

»Wartet! Jetzt ist Vorsicht geboten!« sagt Willy mit gedämpfter Stimme. »Wir haben es den Geräuschen nach mit einer größeren Herde zu tun. Und wenn eine große Elefantenherde durch den Wald zieht, laufen sie normalerweise nicht in einer Kolonne, sondern breit gefächert. Mit diesem Rumpeln und Grollen zeigen sie einander ihre Position an. Die Frage ist jetzt, ist das da drüben sozusagen die Vorhut oder die Nachhut?«

Es dauert einen Moment, ehe wir begreifen, in welch einer gefährlichen Situation wir stecken: Es ist möglich, daß wir uns zwischen zwei Gruppen von Elefanten befinden. Wir folgen Willy zu einem Baum, der zwanzig, dreißig Meter von der *donga* aufragt. Ich bilde mit meinen Händen eine Räuberleiter, und Willy klettert den Baum hoch, während wir alle sehr, sehr still sind.

Er gibt uns ein Zeichen, bloß kein Geräusch zu machen, und kommt dann langsam wieder vom Baum herunter. »Rechts vor uns sind drei oder mehr Elefantenkühe mit ihren Jungen. Wenn die Wind von uns bekommen, kann es ungemütlich werden. Wir werden uns durch den Sumpf auf der anderen Seite zurückziehen. Auf der Insel da drüben sind wir in Sicherheit.«

Sehr schweigsam ziehen wir uns von den Elefanten, die uns ahnungslos in die Zange genommen haben, in Richtung Sumpf zurück. Auch hier wächst das Binsengras gut zwei Meter hoch. Wer weiß, ob in diesem gut hundertfünfzig Meter breiten Gürtel nicht Löwen oder Krokodile auf uns warten?

Glücklicherweise kommen uns drei Giraffen zu Hilfe, die fünfzig oder sechzig Meter schräg vor uns durch das hohe Elefantengras schaukeln. Mit ihrer Höhe von gut viereinhalb Metern haben sie einen viel besseren Überblick als wir.

»Die Luft ist rein«, sagt Willy. »Wenn sich vor uns irgendein gefährliches Tier befinden würde, hätten sie es schon längst bemerkt und einen anderen Weg eingeschlagen.«

Wir ziehen Schuhe, Strümpfe und Shorts aus und folgen unserem Führer im Gänsemarsch durch den Reetgürtel und den Sumpf. Das Wasser reicht uns bis zu den Oberschenkeln, und ein wenig mulmig fühlen wir uns doch, trotz der Giraffen. Jedoch unbehelligt erreichen wir das andere Ufer, und unsere Gesichter entspannen sich und nehmen einen etwas albernen Ausdruck an, so als hätten wir wunder was für eine Heldentat vollbracht.

Einen sicherlich sehenswerten Gesichtsausdruck haben wir auch, als wir das erstemal in der Lagune an unserem Camp baden wollen und Willy uns zuruft: »Wartet einen Augenblick. Ich muß erst Sig mit dem Motorboot rausschicken, damit er die Krokodile vertreibt.«

Wir sehen uns an und tun dann das, was auch alle anderen Campbewohner tun, wenn ihnen nach einem erfrischenden Bad zumute ist: Wir springen ins Wasser und schwimmen, während einer von Willys Leuten mit dem Motorboot große Kreise um uns zieht.

Welch eine Flut von einzigartigen Erlebnissen stürzt in diesen Tagen am Okavango nicht auf uns ein! Dazu gehört auch ein Halbtagesausflug mit dem Landrover, bei dem wir in einem sumpfigen Geländestück plötzlich bis zu den Achsen im Dreck stecken und weder vor noch zurück können.

»Hinterachse, Vorderachse und Differential liegen auf«, stellt Willy fest. »In dieser Situation hilft auch der beste Vierradantrieb nichts mehr. Jetzt sind ein bißchen Köpfchen und viel Muskelkraft gefordert.«

Wir verbringen über eine Stunde damit, Äste zusammenzutragen und die Reifen etwas freizubekommen, um Holz unterlegen und Wagenheber ansetzen zu können. Doch erst beim neunten oder zehnten Versuch kommen wir aus dem Sumpf heraus. Die immer wieder im Dreck durchdrehenden Räder haben uns derweil von oben bis unten mit Schlamm bedeckt. Ein Vollbad in der nächsten Lagune ist vonnöten, um den gröbsten Dreck abzuwaschen.

Jeder Tag bringt neue Erlebnisse, aber auch das Leben im Camp hat seinen ganz besonderen Zauber. Das Tag und Nacht schwelende Lagerfeuer. Der Kontakt mit den Schwarzen. Die entspannte, familiäre Atmosphäre zwischen allen Gästen. Die Freude an den gemeinsam erlebten »Abenteuern«.

Immer wieder zeigen sich Wildtiere ganz in unserer Nähe oder flüchten gar ins Lager, wie jener Impala, der auf der Flucht vor einer Hyäne unsere Nähe sucht. Aber auch Elefanten schauen mal beim Camp vorbei. Nachts, wenn wir in unseren komfortablen Zelten liegen und den Tag vor unserem geistigen Auge noch einmal Revue passieren lassen, hören wir gelegentlich den Schrei eines Löwen, der gar nicht allzu weit weg sein kann. Und daß Nilpferde auf ihrem nächtlichen Weg zu ihren bevorzugten Futterplätzen immer wieder quer durch unser Camp marschieren, erkennen wir morgens an den großen und meist noch feuchten Trittsiegeln im Sand.

»Kein Grund zur Aufregung«, meint Willy dazu. »Wir leben hier schon zwanzig Jahre in einträglicher Nachbarschaft mit all den Tieren. Wir lassen sie in Ruhe, und sie tun dasselbe. Es ist wie mit den Zebras und den Gnus – wir sind keine Feinde, und zwischen uns besteht auch kein Futterneid.«

Unvergeßlich sind auch die Abende, wenn wir nach dem vorzüglichen Essen, das der lange, hagere John gekocht hat (Willy: »Vor fünfzehn Jahren habe ich ihn als Tellerwäscher eingestellt. Jetzt ist er ein so guter Koch, daß ich nicht zögern würde, mit ihm als Küchenchef ein erstklassiges Restaurant in St. Moritz zu eröffnen!«), uns alle in kameradschaftlicher Runde um das Lagerfeuer herum versammeln, uns unterhalten und Willy Mundharmonika spielt und uns Safarilieder beibringt. Diese Abende sind wahrhaftig wie verzaubert. Manchmal gesellen sich die schwarzen Camphelfer zu uns und singen ihre afrikanischen Lieder, und wenn dann jemand Holz ins Feuer nachwirft und ein Funkenregen in den sternklaren Himmel aufsteigt, dann ist alles andere, was sich jenseits dieses Camps und der Wildnis befindet, bedeutungslos und wie nicht existent.

Und so manches Mal stelle ich mir die, zugegebenermaßen naive, Frage, warum ich den größten Teil meines Lebens mit einer solchen Besessenheit hinter dem Schreibtisch verbringe und Bücher schreibe. Wofür das alles? Ist es nicht viel erstrebenswerter, seine Ansprüche erheblich herunterzuschrauben, sich einen Dreck um die Erwartungen und Auffassungen anderer zu kümmern und sich wirklich auf die Suche nach dem eigenen Ich zu machen und seine Träume zu leben? Ist es nicht an der Zeit, dieser Welt der hektischen

Betriebsamkeit um jeden Preis und der finanziellen Versklavung durch diesen Wust von monatlichen Zahlungen, mit denen wir unser Leben bis über den Tod hinaus abzusichern versuchen, eine scharfe Absage zu erteilen und sich von all dem zu befreien?

In solchen Stunden fern der Zivilisation fragt man sich voller Selbstzweifel nach dem Sinn des eigenen Lebens, ob man den richtigen Weg eingeschlagen hat und ob das, was man Tag für Tag, Jahr für Jahr tut, auch wirklich das ist, was man als die Erfüllung des eigenen Lebens bezeichnen kann. Die verrücktesten Gedanken gehen mir durch den Kopf, und auch Helga spürt die Versuchung, wieder einmal alle Brücken abzubrechen und unser unstetes Wanderleben durch die Welt wiederaufzunehmen. Wir leben nur einmal, und das Leben ist uns doch sicher nicht geschenkt worden, damit wir daraus ein Leben für die Arbeit machen. Dafür sind Lebewesen wie Ameisen besser ausgerüstet. Es wird schon seinen tiefen Sinn haben, daß wir Menschen über eine stark ausgeprägte Gefühlswelt verfügen und eine Intelligenz besitzen, zu der auch die wunderbare Fähigkeit zu grenzenlosen Träumereien und Sehnsüchten gehört. Ich glaube nicht, daß diese Fähigkeiten allein dazu da sind, um Autobahnen zu entwerfen, Akten zu bearbeiten und immer neue Wege zu finden, um die Schönheit und Wildheit des blauen Planeten in eine Welt totaler Verwaltung und Reglementierung zu verwandeln. Der individuellen Freiheit ist dann nur noch innerhalb der von der Gesellschaft aufgestellten und tolerierten Maßstäbe ein kümmerliches Schattendasein vergönnt, wie den Tieren auf dieser Welt in den immer kleiner werdenden Reservaten.

»Ja, solche Freiheiten zu haben wäre schön. Aber wie soll man das verwirklichen, wenn man eine Familie hat und Hypotheken bezahlen muß? Wir sind letztlich alle doch nur Sklaven der allgemeinen Lebensumstände«, sagt einer der anderen Gäste eines Abends, als unsere Gespräche in etwas philosophischeres Fahrwasser geraten.

Sklaven der allgemeinen Lebensumstände? Nein, das ist der Selbstbetrug, mit dem wir uns alle gern zu trösten versuchen, wenn es uns an Mut mangelt, aus den uns bekannten und so sicheren Grenzen auszubrechen. Nicht die Umstände machen uns zu Sklaven. Es sind unser Anspruchsdenken, unser fast schon manisches Streben nach Absicherung und unser Mangel an Mut und Selbstbewußtsein, den ungeschriebenen Normen und Gepflogenheiten der Gesellschaft zu trotzen, mit denen wir uns freiwillig in eine lebenslange Sklaverei begeben.

In diesen Stunden, wenn der Busch von aktivem Leben erfüllt ist und die Rufe der Wildtiere sich zur Symphonie der afrikanischen Nacht verbinden, scheinen sich viele neue Türen zur eigenen Seele zu öffnen. Wohin sie führen, kann nur die Zukunft beantworten.

Bei den Buschmännern in der Kalahari

Am letzten Tag unseres Aufenthaltes im Xaxanica-Camp fliegen wir in den Nordwesten der Kalahari, um uns die jahrtausendealten Felsmalereien in den Tsodilo Hills anzusehen und die Buschmänner zu besuchen, die dort anzutreffen sind. Unsere Pläne, mit dem Landrover zu den Nomaden der Halbwüste zu fahren, haben sich zerschlagen. Es wäre eine strapaziöse, gut fünftägige Reise gewesen, da wir das Okavango-Delta in einem weiten Bogen hätten umfahren müssen, um zu den Tsodilo Hills zu gelangen. Nach den vielen Fahrten im Landrover und den stundenlangen Pirschen der vergangenen Tage sind wir jedoch gar nicht mal so traurig, daß Willy nicht die Zeit findet, sich für fünf Tage mit uns abzusetzen.

Gleich nach dem Frühstück steigen wir auf, und Willy gestaltet den Flug quer über das Delta und die Waldsavanne an seinen Ufern zu einer aufregenden Flugsafari. Immer wieder bringt er die Maschine in den Tiefflug, damit wir Gnus, Büffel und Elefanten aus nächster Nähe bewundern können. Man merkt ihm an, wie groß auch nach zwanzig Jahren noch seine Begeisterung für die Wildnis und mit welcher Leidenschaft er Pilot ist. Nicht ohne Stolz erzählt er uns, daß er neben der Blindfluglizenz auch die Lizenz für Kunstflug besitzt und in Kürze mit einer 20köpfigen Gruppe Piloten aus Deutschland und der Schweiz, die jeweils mindestens 1 000 Flugstunden vorweisen können, eine reine Flugsafari durch Zimbabwe und Südafrika unternehmen wird.

190

»Wir werden mit einem Dutzend gemieteter Sportmaschinen unterwegs sein und im Konvoi fliegen«, freut er sich, einmal eine ganz neue Art der Safari organisieren und leiten zu können.

Die Lagunen des Okavango bleiben hinter uns zurück, und bald weicht auch die Waldsavanne der kargen, niedrigen Vegetation der Kalahari, die so weit und flach wie ein riesiges graubraunes Meer bei Windstille ist. Nach einer Stunde Flug wächst vor uns aus der Halbwüste eine zerklüftete Erhebung.

»Die Tsodilo Hills«, sagt Willy und kippt die Nase der Maschine leicht nach unten. »Fünfzig Kilometer weiter nördlich beginnt der Caprivi-Streifen, und ein paar Kilometer dahinter liegt schon Angola.«

Die Hügel, die überwiegend aus Granit bestehen und in dem ebenen Meer der Kalahari wie eine Insel mit schroffen Klippen anmuten, sind vielleicht zwei, drei Kilometer lang und weniger als einen breit. Der höchste Berg ragt 420 Meter auf. Die Tsodilo Hills sind im Umkreis von vielen hundert Kilometern die einzige Erhebung in der Kalahari.

Die Landebahn, die Willy vor zwanzig Jahren selbst angelegt hat, liegt mehrere Kilometer von den Hügeln und den ersten Buschmannhütten entfernt. Aber natürlich haben die Nomaden das Flugzeug längst bemerkt.

Wir landen, und als wir aussteigen, trifft uns die Hitze wie ein Hammerschlag. Wir machen uns auf den schweißtreibenden Marsch durch den heißen, weichen Sand zum Lager. Helga und mir ist es fast unerklärlich, wie Menschen in dieser lebensfeindlichen Umgebung überhaupt längere Zeit überleben können.

»Zähigkeit und Bedürfnislosigkeit – darauf basiert ihre Überlebenskunst«, erklärt Willy. »Es gibt nur noch rund 2 000 Buschmänner in Botswana, die als Nomaden durch die Halbwüste ziehen. Sie leben in kleinen Familiengruppen von nicht mehr als zwanzig, dreißig Personen. Das Gemeinschaftsdenken steht bei ihnen an oberster Stelle. Begriffe wie Stamm, Rasse und Nation kennen sie nicht. Es sind die Fähigkeiten des einzelnen, die die Rangordnung bestimmen. Es gibt Buschmann-Gruppen wie etwa die Gwi, die in der Zentral-Kalahari leben, wo es nur 60 Tage im Jahr Wasser gibt.

Den Rest des Jahres ernähren sie sich von wasserhaltigen Knollen und Wurzeln. Wenn die Buschmänner sich auf ihre Wanderzüge begeben, dann lassen sie ihre Alten und Kranken zurück; und wenn sie dann Monate später wieder zurückkommen, treffen sie sie entweder tot oder noch lebend an. Das Leben dieser Menschen ist für unsere Begriffe unvorstellbar hart.«

»Und wie sehr sind die Buschmänner hier bei den Tsodilo Hills schon von der Zivilisation beeinflußt?« möchte Helga wissen.

»Was die Felsmalereien betrifft, so haben sie es längst verlernt, diese Farbe, die Jahrtausende überdauert, herzustellen und zu mischen. Diese Kunst ist vor etwa dreihundert Jahren schon verlorengegangen, was man sehr gut mit der Radiokarbon-Methode bestimmen kann. Sie gehen jedoch noch immer mit ihren vergifteten Pfeilen auf Jagd und folgen tagelang einem Wild, und das Leben, das sie in ihren Grashütten führen, ist noch immer von äußerster Primitivität gekennzeichnet. Aber natürlich kennen sie schon den Wert des Geldes und lassen sich auch fotografieren, wenn sie auch kein Geld dafür nehmen«, räumt er ein und fügte dann schmunzelnd hinzu: »Und sie wissen, daß ich manche Krankheit mit meinen Salben, Tabletten und Spritzen besser heilen kann als ihr Medizinmann. Deshalb habe ich bei ihnen auch so einen großen Stein im Brett, und es gibt immer ein großes Hallo, wenn ich komme.«

Das große Hallo kündigt sich schon weit vor dem Lager der Buschmänner an. Ein halbes Dutzend eilt uns entgegen, die meisten nur mit einem Lendenschurz bekleidet. Es sind sehr kleine Gestalten. Buschmänner werden in der Regel nicht größer als 1,50 Meter. Ihre Haut ist dunkelbraun, bei manchen fast schon schwarz – und voller Runzeln und Falten. Man ist versucht, sie allesamt für alte Männer zu halten. Denn so faltig sehen bei uns in Europa nur ganz wenige Männer aus, die hoch in den Achtzigern sind.

»Von denen ist keiner auch nur älter als fünfunddreißig. Buschmänner haben eine geringe Lebenserwartung. Noch immer wird bei der Geburt von Zwillingen das schwächere Baby getötet, weil die Mutter zwei einfach nicht ernähren kann. Kinder werden bis zu ihrem vierten, fünften Lebensjahr noch gestillt. In dieser Zeit ist eine neue Empfängnis nicht möglich. Ich weiß nicht genau, warum, aber es hat sicherlich mit dem Stillen zu tun«, sagt Willy, während wir von den kleinen, runzligen Männern umringt und in ihrer seltsamen Sprache begrüßt werden, die mit Klick- und Schnalzlauten durchsetzt ist. »Wenn die Männer erfolgreich von der Jagd zurückkommen, dann essen sie, soviel sie können, wie die Hamster, wirklich, und dann verschwinden die Runzeln und tausend Falten, und sie haben plötzlich für kurze Zeit einen unglaublich schieren Ranzen.«

Wir erreichen das Lager, eine Ansammlung von primitiven Hütten, gebaut aus Gras über einem Gerüst aus Ästen, alles teilweise umgeben von einer niedrigen Umfriedung aus Dornensträuchern. Frauen, die ihre Blöße spärlich oder auch gar nicht bedeckt haben, sitzen mit ihren Kindern vor den Grashütten am Feuer. Die Zivilisation hat in Form von verbeulten Blechtöpfen und Pfannen, einer leeren Plastikflasche und einer alten Khaki-Shorts hier und da schon Einzug gehalten. Hagere Hunde, gut zehn an der Zahl, sieht man überall im Sand nahe der Feuerstellen oder im spärlichen Schatten der Grashütten liegen. Noch zahlreicher sind die Fliegen, die sich auf den Maisbrei und die Gesichter der Kinder und Alten setzen.

Ngaue und Suruka gehören zu Willys besonderen Freunden, und sie sind es auch, die unsere Führung übernehmen. Die Hitze in der prallen Sonne macht uns zu schaffen, und der graue Sand unter unseren Schuhen ist kochend heiß. Die beiden kleinen Männer, die mir kaum bis zur Schulter reichen, laufen jedoch bar- und leichtfüßig durch den Sand, den mit Pfeilen gefüllten Köcher aus Antilopenhaut und den Bogen, bespannt mit der Rückensehne desselben Tieres, über die Schulter gehängt. Das Gift, das sie aus der Diamphidia-Raupe und dem Polyclado-Käfer gewinnen, klebt jedoch nicht an den Pfeilspitzen. Es wird erst kurz vor dem Aufbruch zur Jagd aufgetragen, da es von absolut tödlicher Wirkung ist, wenn es die Haut ritzt und in den Blutkreislauf gelangt. Das Gift ruft Krämpfe und Lähmungen hervor und führt bei Antilopen innerhalb von zehn bis zwanzig Stunden zum Tod. In dieser Zeit müssen die Buschmänner, die Meister im Anschleichen sind und aus einer Distanz von 15–20 Metern ihre Pfeile abschießen, dem verwundeten Tier auf der Spur bleiben, da die Wirkung nur langsam einsetzt, wollen sie ihre

Beute nicht im Busch verlieren. Damit sich die vergiftete Pfeilspitze in den Stunden, die das Tier durch den Busch rennt, nicht aus der Wunde herausarbeiten kann, ist der kurze, vordere Teil relativ locker mit dem langen Schaft des Pfeils verbunden. Dieser fällt ab, doch die wertvolle Eisenspitze mit dem Gift verbleibt in der Wunde.

Nach einer halben Stunde stehen wir endlich vor der ersten Felswand, die fast 300 Meter vor uns aufragt und völlig zerrissen ist.

»Das kommt von den ungeheuren Temperaturschwankungen, denen das Urgestein über Jahrtausende tagtäglich ausgesetzt ist«, erklärt Willy. »Tagsüber steigen die Werte auf über 50 Grad, wie ihr ja selbst merkt, um dann nachts bis auf die Null-Grad-Grenze zu fallen, und diese gewaltigen Unterschiede hält das Gestein auf Dauer nicht aus. Es reißt und wird dann im Laufe der Zeit so zerklüftet, wie ihr es hier seht.«

Und dann beweist Willy, daß er ein waschechter Schweizer ist, denn er schickt einen lauten Jodler zur Felswand empor, um uns das herrliche Echo vorzuführen.

Ngaue und Suruka haben daran ein noch größeres Vergnügen als wir. Willy lacht. »Jetzt wißt ihr auch, weshalb die Buschmänner mich Turutu nennen. Das hat irgend etwas mit dem Jodlerreim zu tun. Ich habe nie etwas davon gehalten, den Buschmännern Geld dafür zu geben, wenn sie mir ihre Lieder vorsingen und Legenden erzählen. Ich revanchiere mich dadurch, daß ich ihnen die Lieder meiner Heimat vorsinge, und das gefällt ihnen, weil sie merken, daß ich ihnen und ihrer Kultur Respekt und wirkliches Interesse entgegenbringe. Einem Schwarzen zehn Dollar in die Hand zu drücken, damit er für die Touristen sozusagen den Affen spielt, ist das Gegenteil von Respekt.«

Wir beginnen den Aufstieg zu den Höhlen und Felsvorsprüngen, wo die schönsten Malereien der Buschmänner zu finden sind, und dieser Aufstieg ist keine Kleinigkeit. Auch bei Temperaturen, die einiges unter den mindestens 45 Grad liegen, mit denen wir gesegnet sind, wäre die Kletterpartie noch anstrengend. Es ist nicht damit getan, in die Hügel hinaufzusteigen, sondern man muß schon einige Mühen in Kauf nehmen und einiges an echter Kletterbegeisterung mitbringen, um in diesen zerklüfteten Felsen zu den besonderen

Stellen zu gelangen. Und am besten denkt man nicht jetzt schon an den Abstieg.

Die Anstrengungen lohnen jedoch. Die Malereien, zumeist in roter Farbe ausgeführt, sind beeindruckend. Darstellungen von Tieren dominieren, aber es gibt auch Zeichnungen von tanzenden und jagenden Menschen. Wie die Affen, nun ja, vielleicht doch nicht ganz so behende, klettern wir durch die Tsodilo Hills, buchstäblich auf Händen und Füßen, um uns die schönsten der schätzungsweise 2 000 Felsmalereien anzusehen. Dabei ist höchste Umsicht geboten, wenn man sich in diesen Granitklippen nicht die Knochen brechen will.

Einen noch nachhaltigeren Eindruck als die jahrtausendealten roten Elefanten, Antilopen, Giraffen, Nashörner, Hyänen, Zebras und Gnus auf dem Fels macht auf mich der Ausblick, den man hier oben aus mehreren hundert Metern Höhe auf die Kalahari hat. Eine ganze Weile verbringen wir auf einer Felsplatte, die wie eine kleine Terrasse vorragt, und lassen das Panorama auf uns wirken, bevor wir den Abstieg beginnen und uns auf den Marsch in der erdrückenden Mittagshitze zurück zu den Buschmannhütten begeben.

Bis in den Nachmittag hinein verweilen wir im Lager, sehen den Frauen dabei zu, wie sie mit einem spitzen Stein die Schale eines Straußeneis in fingernagelkleine Plättchen zerlegen und dann mit einem Stock, in dessen Spitze ein Steinsplitter befestigt ist, in mühseliger Arbeit ein Loch in jedes dieser Stücke bohren. Auf eine Sehne aufgereiht, ergeben sie eine Halskette. Ngaue und Suruka demonstrieren uns, wie man durch schnelles Drehen eines Stockes auf einem anderen Holz und trockenem Gras ein Feuer entfacht, und wir lernen, daß jedem frisch entzündeten Feuer eine symbolische Bedeutung zukommt. Wir lauschen den für unsere Ohren so fremdartigen Liedern, die die Frauen bei der Arbeit singen. Wenig später fallen auch die Männer ein, begleitet von rhythmischem Händeklatschen.

Als die Schatten der Grashütten im Licht der sinkenden Sonne immer länger werden, wird es Zeit für uns, das Lager der Buschmänner zu verlassen und zum Flugzeug zurückzukehren. Es ist nur ein kurzer Fußmarsch, doch er bringt uns aus einem Leben wie in der Eisenzeit zurück in unsere hochtechnisierte Welt.

Jenseits oder Diesseits von Afrika?

Als wir uns wieder über dem Okavango-Delta befinden, dem rätselhaften Fluß ohne Mündung, und die weiten Lagunen und Flußarme mit ihrem Gewimmel von Inseln und Papyrusfeldern im sanften Licht des hereinbrechenden Abends unter uns vorbeiziehen, überfällt Willy eine melancholisch-bittere Stimmung.

»Was für eine einmalige Landschaft! Das da unten ist kein gemanagter Naturschutzpark, sondern noch die ursprüngliche Wildnis Afrikas. Aber wie lange noch? Ich fürchte, in spätestens zehn, zwanzig Jahren gibt es keine Buschmänner mehr, die mit vergifteten Pfeilen tagelang auf Jagd gehen, um ihr Überleben zu sichern. Dann wird es auch vielleicht keine Kalahari mehr geben, wir wir sie kennen. Ganz sicher aber wird das, was wir heute noch hier erleben können, nicht mehr möglich sein.«

Wir fragen ihn nach dem Warum.

»Weil in der Regierung von Botswana einige sehr ehrgeizige Herren sitzen, die wild entschlossen sind, die Kalahari zu erschließen. Ihr müßt wissen, daß Botswana, größer als Frankreich und die Schweiz zusammen, ein sowohl dünnbesiedeltes als auch reiches Land ist, vermutlich mit der besten Außenhandelsbilanz Afrikas. Es gibt hier sehr gewinnbringende Diamantenminen. Geht nur mal für einen Tag nach Gaborone, dann werdet ihr dort kaum weniger Nobelkarossen von Mercedes, BMW, Porsche und was weiß ich sehen, als in den Straßen von Genf. In Gaborone ist jeder Luxus zu haben. Die Geschäfte quellen von den teuersten Importwaren über. Der Staat kann sich das Beste vom Besten leisten. Gut, dagegen ist nichts einzuwenden. Aber diese ehrgeizigen Herrschaften umgeben sich nicht nur mit Luxus und einer Menge Kriegsspielzeug, sondern lassen auch immer mehr Brunnen in der Kalahari bohren und Wasser aus mehreren hundert Metern Tiefe hochpumpen, damit noch mehr Viehzüchter noch tiefer in die jahrtausendealte Heimat der Buschmänner und Wildtiere eindringen können. Doch schon nach kurzer Zeit ist das Land rund um die Wasserstellen von den Rindern und Ziegen, die auch die Wurzeln mit ausreißen, völlig überweidet, und dann entsteht in einem ständig wachsenden Umkreis um die Wasserlöcher eine Sahelzone, wo gar nichts mehr wächst. Das kann man vom Flugzeug aus besonders gut erkennen. Das Vieh muß immer weitere Wege zu neuen Weideflächen zurücklegen, und damit wird die Vernichtung immer weiter vorangetrieben. Dazu kommt, daß die schwarzen Viehzüchter erst jedes Stück Wild, das ihnen vor die Flinte gerät und ja bloß Regierungseigentum ist, rücksichtslos abknallen, bevor sie auch nur daran denken, eine ihrer Ziegen zu schlachten, wenn sie Fleisch brauchen. Man kann sich bei dieser Entwicklung an den zehn Fingern abzählen, wie lange es dauert, bis auch Botswana seine bis jetzt noch einzigartige Wildnis so weit vernichtet hat, daß man darangehen muß, ein paar tausend übriggebliebene Quadratkilometer einzuzäunen und einen netten kleinen Park daraus zu machen. Dann wird das Gebiet natürlich auch ›ordentlich‹ erschlossen, werden überall feste Hütten und Lodges gebaut, und die Pirsch zu Fuß ist dann selbstverständlich verboten – weniger wegen der gefährlichen Tiere«, fügt er sarkastisch hinzu, »sondern weil man zu schnell unter die Räder der Minibusse kommen könnte. Wenn das so weitergeht, gebe ich der Wildnis, so wie ihr sie jetzt gesehen habt, noch zehn, fünfzehn Jahre. Dann wird aus *Jenseits von Afrika* ein sehr kommerzielles, kleingeschrumpftes *Diesseits* geworden sein.«

»Keine guten Aussichten. Man sollte meinen, die Regierungen würden von den Fehlern der anderen schwarzen Länder lernen.«

Mit grimmiger Miene schüttelt er den Kopf. »Darauf können wir lange warten. Seht euch doch bloß Namibia an. Als Südafrika das Land noch verwaltete, lag der Lebensstandard für afrikanische Verhältnisse für alle sehr hoch. Seit die Schwarzen die Macht übernommen haben, hat sich der Verwaltungsapparat verdreifacht, weil jeder jedem irgendwie einen Job bei der Regierung zuschanzt, ohne daß daraus aber irgend etwas Produktives entstünde. Daß Namibia eines der bankrottesten Länder ist, kann da niemanden verwundern. Aber das hindert den schwarzen Präsidenten nicht daran, für sich gerade jetzt einen privaten Jet für 86 Millionen Dollar zu ordern. Dabei hatte die deutsche Regierung angeboten, ihm eine DC 707 für nur 16 Millionen zu überlassen. Die kommt zwar nicht funkelnagelneu aus der Fabrik, wäre aber immer noch groß genug, um seinen Harem und seine Günstlinge aufzunehmen. Aber nein, es muß ein neuer Jet für 86 Millionen sein, damit er überall auf seinen Reisen Eindruck schinden kann, zumindest in den Ländern der Dritten Welt. Aber gleichzeitig, während er sein eigenes Volk vor die Hunde gehen läßt, schreit er Zeter und Mordio, daß die Menschen in Afrika verhungern. Und er selbst kann sich und sein Land bloß noch über Wasser halten, weil er regelmäßig in Europa auf Betteltour geht, angefangen in Paris über Brüssel, London, Genf und Bonn bis hin nach Kopenhagen. Dann kommt er mit ein paar hundert Millionen zurück, und das Gewurschtel und In-die-eigene-Tasche-Wirtschaften geht weiter, bis zur nächsten Betteltour.«

»Dann wirst du Südafrika ja kaum große Chancen einräumen, daß unter einer schwarzen Regierung Frieden und Wohlstand im Land erhalten bleiben«, vermute ich.

»Ich wünschte, ich könnte optimistisch sein, denn die Vorstellung, daß dieses wunderschöne Land auch noch vor die Hunde geht, tut weh, das könnt ihr mir glauben«, sagt er bedrückt. »Aber ich mache mir nichts vor. Wenn die Weißen erst einmal aus Regierung und Verwaltung gedrängt sind, hält nichts und niemand das Abgleiten des Landes, ob nun schnell oder langsam, in den katastrophalen Zustand auf, in dem sich Zimbabwe und andere ehemals blühende afrikanische Staaten heute befinden.«

»Aber eine vernünftige Koalition von Männern wie Mandela, Buthelezi und...«, beginnt Helga einzuwenden.

Willy fällt ihr ins Wort. »In jedem schwarzen Land, das ich kenne, sind der Präsident und die Hundertschaft aus alten Kampfgefährten, politischen Freunden, Familienmitgliedern und so weiter innerhalb kürzester Zeit Multimillionäre mit dicken Konten in der Schweiz geworden, und ihre in tausend Sonntagsreden vielbeschworene tiefe Sorge um das Wohl ihrer armen Brüder und Schwestern hat sich als heuchlerisches Lippenbekenntnis erwiesen. Afrika ist von Gaddafi im Norden bis hinunter zu Nkomo im Süden ebenso korrupt wie bankrott. Warum sollen Männer wie Mandela und Buthelezi – und wer sonst noch alles in Südafrika zur Macht gelangen wird – anders sein als die anderen sogenannten großen schwarzen Führer? Ein Wunder wäre schön, aber an solche Wunder glaube ich schon längst nicht mehr, dafür lebe ich zu viele Jahre in Afrika.«

»Du malst ein sehr düsteres Bild.«

Willy nickt. »In Europa hört man so etwas natürlich nicht gern. Man hat da sein ganz eigenes Bild von den schwarzen Führern und ihren Mitstreitern, und dieses Bild läßt man sich nicht von einem weißen ›Rassisten‹ kaputtmachen. Denn in den Augen der Europäer ist jeder ein Schwarzenhasser, der die Dinge beim Namen nennt, so wie sie sind und wie er sie tagtäglich erlebt. Ich habe längst aufgehört, mich darüber zu ärgern, daß Leute wie ich, die sich nicht nur mit ein paar Spenden und Unterschriften, sondern mit Jahrzehnten Arbeit vor Ort für eine Verbesserung des Lebens der Schwarzen eingesetzt haben, in die geistige Nähe von Leuten wie Ian Smith und Botha gerückt werden. Und warum? Weil man unsere Wahrheiten und Lebenserfahrungen einfach aus dem Weg haben will, ohne darüber nachdenken zu müssen. Und das kann man am besten, indem man uns kurzerhand als Rassisten einordnet. Dann ist man das Problem los, sich vielleicht doch etwas eingehender mit den Dingen beschäftigen zu müssen, die sich im politischen Seminar und im Freundeskreis in der Pilskneipe so leicht lösen lassen. Nein, mir kann keiner damit kommen, all das wäre üble Nachrede und nur das rassistische Gerede einiger Weißer, die es nicht ertragen können, Schwarze an der Macht zu sehen.« Er atmet tief durch. »Aber lassen wir das lieber. Dies ist euer letzter Abend.«

Den Rest des Fluges verbringen wir schweigend, jeder seinen eigenen Gedanken nachhängend. Die Flügel der Cherokee scheinen im Licht der sinkenden Sonne zu glühen, während die Schatten der Nacht sich schon über die Lagunen gelegt haben. Das Camp taucht vor uns auf. Willy geht im Tiefflug darüber hinweg und nimmt dann Kurs auf die Buschpiste. Wehmut erfaßt uns, als wir am Lagerfeuer sitzen, und es ist schon spät, als wir die Plane unseres Zeltes schließen und die warme, samtene Schwärze der afrikanischen Buschnacht ein letztes Mal mit in unsere Träume nehmen.

Unter Dampf

Als Frachter, Postschiffe und Passagierdampfer noch das schnellste Verkehrsmittel waren, um die Ozeane zu überqueren und von einem Kontinent zum anderen zu gelangen, hatte der Reisende nach einem Aufenthalt in einem fernen Land noch Zeit, sich gemächlich auf die Rückkehr in die Heimat einzustellen. Die Wochen der Schiffspassage gaben ihm Gelegenheit, die hinter ihm liegenden Eindrücke und Erfahrungen in Ruhe zu verarbeiten und sich sowohl faktisch wie gedanklich ohne Hast wieder der ihm vertrauten Welt zu nähern.

Im Zeitalter der Großraumjets ist dieses allmähliche Ineinanderübergehen von Abschied und Ankunft nicht mehr gegeben. Da liegen zwischen der letzten Pirsch in der Wildnis bei 33 Grad im Schatten und der Ankunft in Frankfurt bei Schneetreiben nur ein paar lächerliche Stunden.

Für eine Rückkehr an Bord eines Frachters fehlt uns die Zeit. Dennoch wollen wir unsere Reise gemächlich ausklingen lassen und einen plötzlichen kalten Sprung zurück in die eigene Welt vermeiden. Deshalb beschließen wir, als Willy uns am Tag nach unserem Besuch bei den Buschmännern nach Victoria Falls zurückfliegt, nicht den nächsten Flug der Air Zimbabwe nach Johannesburg zu nehmen, wie es zwei andere Gäste tun, sondern wenigstens per Eisenbahn nach Südafrika zurückzukehren, was eine Reise von fast drei Tagen ist. Und daß wir für den ersten Abschnitt von Victoria Falls nach Bulawayo volle fünfzehn Stunden benötigen werden, weil die alte Schmalspureisenbahn aus der Gründerzeit Rhodesiens von einer Dampflokomotive gezogen wird und im Schnitt nicht schneller als 50 km/h fährt, ist uns gerade recht. Wir werden am nächsten Morgen in Bulawayo ankommen, dort den Zug wechseln und dann fast zwei Tage und eine Nacht durch den Osten und Süden Botswanas zuckeln, immer am Rande der Kalahari (und als einzige Weiße auf der Strecke durch Botswana), um am Abend in Johannesburg einzutreffen.

Willy bringt uns zum Bahnhof. Es ist kurz vor sechs, und die Abendsonne fängt sich in den Kronen der Palmen, die den offenen

Bahnsteig schmücken. Eine ganze Menge Leute wartet, zum Teil abenteuerlich bepackt, auf den Dampfzug nach Bulawayo. Weiße sind ganz wenige darunter.

Wir verabschieden uns von Willy und bedanken uns für die wunderschöne Zeit und die einzigartigen Erlebnisse, die wir mit ihm gehabt haben.

»Wir sehen uns wieder«, versichert er herzlich. »Wer einmal hier war, der kommt immer wieder zurück. Ich sage immer, Afrika ist eine Leidenschaft, die wie ein Virus ist, das man nie wieder aus seinem Blut kriegt.«

»Ja, das glaube ich auch«, pflichte ich ihm bei.

»Vielleicht schaffen wir es ja«, sagt Willy.

»Was?«

»Na, diese Tour quer durch Afrika, an der wir vor ein paar Tagen am Lagerfeuer gesponnen haben, vom Senegal nach Sansibar, nur wir drei und die Cherokee«, sagt er lachend. »Oder diese Traumroute von Cecil Rhodes, von Kapstadt nach Kairo.«

»Verrückt genug dafür seid ihr ja«, meint Helga, doch auch ihre Augen leuchten.

»Schauen wir mal . . .«

Der Dampfzug läuft ein. Schon von weitem macht er sich mit seiner Dampfsirene bemerkbar. Die hohen, langgezogenen Klänge schallen über Victoria Falls hinweg. Aus dem Schornstein quellen weiße Wolken, die wie die Gischt der Fälle verwehen. Unter lautem Zischen kommt der Zug zum Stehen.

Ein letzter herzlicher Händedruck, dann nehmen wir unser Gepäck und steigen ein, um unser Schlafwagenabteil zu suchen. Die Wagen müssen schon viele Jahrzehnte alt sein und sehen doch so gepflegt aus, als kämen sie gerade erst aus einer Fabrik für Nachbauten historischer Züge.

Aber dies hier ist das Original! Einmal ganz davon abgesehen, daß sie noch immer die Aufschrift *Rhodesian Railways* und auf den Fenstern das eingeschliffene Logo in Form eines doppelten 'R' tragen, verrät die wunderbare Verkleidung mit herrlich gemasertem und glänzend poliertem Mahagoni, daß diese Waggons noch aus einer Zeit stammen, als Reisen mit der Eisenbahn und dann auch noch in

Abfahrt mit dem Oldtimer-Dampfzug von Victoria Falls. Wo sonst ist diese nostalgische Art zu reisen noch möglich?

einem eigenen Abteil ein Privileg der vermögenden Klasse waren – mit aller dementsprechenden Annehmlichkeit. In unserem Abteil ist alles blitzblank. Das Messing leuchtet wie Gold, und das Waschbecken im Mahagonieckschrank ist so makellos sauber wie der Spiegel und die weichen Polster der Bänke. Und für all diesen Luxus haben wir weniger als umgerechnet fünfzig DM bezahlt!

»Mein Gott, so etwas kennt man doch bloß noch aus alten Filmen!« ruft Helga begeistert und streicht fast andächtig über das warme Holz in unserem Abteil. »Dieser Zug ist ein Traum!«

In der Tat, und nicht allein für Eisenbahnliebhaber, sondern für jeden, der diese bedächtige, nostalgische Art des Reisens liebt.

Der Sonnenuntergang ist nicht mehr fern, als der Zug sich ganz langsam und unter viel Dampfgeschnaufe in Bewegung setzt. Im Schrittempo gleiten wir aus dem Bahnhof von Victoria Falls. Wir winken Willy noch einmal zu und lassen uns am offenen Fenster noch eine ganze Weile die warme Luft um die Nase wehen. Erst als sich Rußpartikel auf unsere Haut legen, ziehen wir uns in unser Abteil zurück.

Jamie, der junge schwarze Schlafwagenschaffner, versorgt uns mit Tee und Gebäck, erzählt uns später im Speisewagen von seiner Frau und drei Kindern, die in Bulawayo auf ihn warten, und informiert uns stolz darüber, daß die Waggons 1936 in England gebaut wurden, während die Lok dieser 3-Fuß-Schmalspurbahn noch um einiges älter ist und immerhin eine Höchstgeschwindigkeit von 90 km/h erreichen *kann*.

Das Buschland zieht an unserem Fenster vorbei. Das milde Abendlicht nimmt der kargen Landschaft seine Trostlosigkeit. Helga macht Eintragungen ins Tagebuch, und mir wird bewußt, daß ich seit Tagen schon nicht mehr an meinen Roman und die Arbeit gedacht habe, die mich bei unserer Rückkehr erwartet. Wie sehr uns das Leben dort oben in der Wildnis am Okavango doch umfangen gehalten und uns alles andere vergessen hat lassen!

Als wir in unser Abteil zurückkehren, hat Gamie schon unsere Betten gemacht. Die weißen Laken sind glatt und kühl. Wir löschen das Licht, lassen das Rollo vor dem Fenster jedoch oben. Die Nacht ist klar und mondhell. Mit mäßiger Geschwindigkeit zieht draußen Afrika vorbei, und das monotone Rattern der Räder wird zum einschläfernden Gesang.

Wir reden leise miteinander, und in unseren Gesprächen beginnen wir schon damit, unsere Reise durch das südliche Afrika mit den Augen und Erinnerungen des Zurückblickenden zu betrachten, obwohl wir uns doch keine hundert Kilometer südlich von Victoria

Falls befinden. Wir sind froh, daß wir noch zwei lange Tage und Nächte auf Schienen verbringen und noch viele Stunden die Kalahari an uns vorbeiziehen sehen werden. Wir werden viel Zeit haben, über die vergangenen Wochen zu reden, uns zu erinnern und Pläne für die Zukunft zu schmieden. Pläne, in denen irgendwie, wenn auch erst vage, Afrika nicht nur als Stoff für einen Roman einen festen Platz hat.

Denn Afrika ist wahrlich eine Leidenschaft, die man nicht mehr aus seinem Blut kriegt, wenn man ihr erst einmal verfallen ist.

Küste der Verheißung? Verlockendes Land? Flammende Steppe? Ja, all das – und noch viel mehr!

Blick zurück auf Südafrika: das Franschhoek-Tal im Hinterland von Kapstadt.

Anhang

Persönliche Empfehlungen

Ein sehr persönlicher Reisebericht wie dieser kann und will natürlich nicht das abdecken, was ein Reise*führer* demjenigen zu bieten hat, der eine eigene Reise in das betreffende Land unternehmen und sich über Einreisebestimmungen, beste Reisezeit, Mietwagen, Unterkünfte und anderes ausführlich informieren möchte. Was ich an dieser Stelle jedoch tun kann, ist, einige persönliche Empfehlungen auszusprechen und Ihnen die Adressen derjenigen Hotels und Unterkünfte zu nennen, die durch ihre positiven Eigenschaften zu einem besonderen Gelingen unserer Reise beigetragen haben.

Bei den in Klammern gesetzten Adressen handelt es sich um Hotels, in denen wir zwar nicht abgestiegen sind, die wir uns jedoch angeschaut und die wir für empfehlenswert befunden haben. Ich nenne alle Hotels in der Reihenfolge unserer Reiseroute. Die Preisangaben, die immer nur ein Mittelwert sein können, gelten jeweils für ein Doppelzimmer, das mit zwei Personen belegt ist.

Gold Reef City Hotel
Gold Reef City, Johannesburg,
ca. DM 120–250, Reservierung: 011 – 783 53 33

McMaster's Guest Farm
Douglas & Margaret McMaster, P.O. Box 170, Ladysmith 3370,
Telefon: 0361–24091,
inkl. Frühstück: ca. DM 40, inkl. Abendessen: ca. DM 60

(Von Jo'burg kommend etwa 4 Kilometer vor Ladysmith bei Abzweigerschild »Windsor« links abfahren, parallel zur Landstraße zurück, hinter den Bahnschienen dann bei Guest-Farm-Schild rechts hoch! Sehr empfehlenswert!)

(Golden Gate Highland / Brandwag Hotel)
P.O. Box Golden Gate 9708,
ca. DM 100–150, Reservierung: 0441-74 69 24

Holiday Inn
Bloemfontein, P.O. Box 12015, Melville & Kimberly Road, Bloemfontein 9301, Telefon 051 – 47 03 10, Fax 051 – 30 56 78,
ca. DM 60–100

Settlers Inn
P.O. Box 219, Grahamstown 6140,
inkl. Frühstück: ca. DM 100–120, Reservierung: 0461 – 27313

The Plettenberg
P.O. Box 719, Plettenberg Bay 6600,
inkl. Frühstück: ca. DM 250–400, Reservierung: 04457 – 32030

The Vineyard Hotel
P.O. Box 151, Cape Town/Newlands 7725,
ca. DM 120–180, Reservierung: 021 – 64 2107 / 64 4122

(The Palm House)
Oxford Street, Kenilworth, Cape Town 7700,
ca. DM 120–170, Reservierung: 021 – 761 5009 / 761 8776

(Greenways)
Torquay Avenue, Upper Claremont, Cape Town,
ca. DM 120–170, Reservierung: 021 – 761 1792

Le Auberge / Quartier Français
16 Hugenot Road, P.O. Box 237, Franschhoek 7690,
inkl. Frühstück: ca. DM 120, Reservierung: 02212 – 2151

The Savoy Hotel
Kimberley,
ca. DM 60–120, Reservierung: 0531 – 26211

Highgrove House
Peter und Mary Terry, P.O. Box 46, Kiepersol/Eastern Transvaal 1241,
inkl. Frühstück und 4-Gänge-Dinner: ca. DM 280

Cresta Churchill
P.O. Box 654, Matopos Road, Bulawayo, Zimbabwe,
DM 70–100, Reservierung: 41016 – 44243

Victoria Falls Hotel
P.O. Box 10, Victoria Falls, Zimbabwe,
ca. DM 300–450

Botswana Safaris/Willy Zingg
P.O. Box 1220, CH-4502 Solothurn, Telefon: (41) – 65 – 35 19 42,
Fax: (41) – 65 – 35 19 44 oder P.O. Box 782291, Sandton, Johannesburg 2146, Telefon: 011 – 802 54 91

Flugverbindungen
Mehrere große Fluglinien fliegen Non-Stop nach Johannesburg. Aus eigener Erfahrung kann ich hier die *South African Airways* (SAA) sehr empfehlen. Komfort und Service an Bord der Großraumjets der SAA sind auch in der Economy-Klasse erstklassig. Der Holiday-Tarif für ein Rückflugticket liegt bei ca. DM 1 800.

Nähere Informationen über aktuelle Flugpreise sowie Reisebroschüren über Südafrika erhalten Sie kostenlos bei: SATOUR, An der Hauptwache 11, 6000 Frankfurt/Main, Telefon: 069 – 20656

Individuelle Reiseberatung
Wer sich unverbindlich über Reisen in die Länder des südlichen Afrika unterrichten und beraten lassen will, gleichgültig ob es sich um eine Pauschal-, mit einem der großen Veranstalter, oder eine ganz individuell zusammengestellte Einzelreise handelt, möge sich

an die Afrikaspezialistin und Beraterin Karin Althoff wenden:
SAFIR, Reiseberatung, Sasserather Berg 12, Postfach 30 03 08, 4050
Mönchengladbach 3, Telefon: 02166-60 91 51, Fax: 02166–60 35 26.

Literatur
Bildbände über die Landschaften im Süden Afrikas gibt es viele,
jedoch wenige Reiseführer, besonders was Zimbabwe und Botswana
betrifft. Sehr informativ und hilfreich sind die jedes Jahr aktualisierten Reisehandbücher von Michael Iwanowski: »Löwen, Gold und
Tafelberge – Reisehandbuch Südafrika«, »Rafting, Pits und Wasserfälle – Reisehandbuch Zimbabwe« sowie »Wüsten, Sümpfe und
Savannen – Reisehandbuch Botswana«, alle erschienen im Reisebuchverlag Iwanowski, erhältlich im Buchhandel oder direkt über:
Reisebuchverlag Iwanowski, Raiffeisenstraße 21, 4047 Dormagen 1,
Telefon: 02133–6 19 19, Fax: 02133–6 31 30.

Safaris
Da kann ich Sie nur an Willy Zingg und seine wirklich außergewöhnlichen Safari-Touren verweisen, sofern Sie keinen Hotelkomfort erwarten, sondern den Schwerpunkt auf das Erleben der Wildnis legen. (Adresse und Telefon auf Seite 207 unter »Botswana
Safaris«)

Ein letztes Wort in eigener Sache
Sollten Sie den Wunsch haben, mir zu schreiben, und besondere
Fragen haben, von denen Sie meinen, ich könnte sie beantworten,
hier meine deutsche Adresse: Gaulstraße 38, 5272 Wipperfürth.
Bitte haben Sie jedoch Geduld. Zwar wird mir meine Post regelmä
ßig nachgeschickt, wo immer ich mich auch gerade aufhalte, aber es
können schon einige Wochen vergehen, bevor mich Ihre Post erreicht und ich Zeit zum Antworten finde.